Montez
Vos Premières Mouches

Ouvrage collectif
créé par Losange

Direction éditoriale
Hervé Chaumeton
Nicolas Ragonneau

Coordination éditoriale
Muriel Bresson

PAO
Nathalie Lachaud
Jean-François Laurent
Isabelle Véret

Photogravure
Stéphanie Henry
Véronique Janvier

L'auteur et toute l'équipe éditoriale remercient
chaleureusement les Mouches de Charette et Marryat France
qui ont participé à l'élaboration de l'ouvrage.

ISBN : 2-84550-018-1
N° d'éditeur : 84550
Dépôt légal : mars 2000

Achevé d'imprimer : janvier 2000
Imprimé en France par Clerc S.A. - 18200 Saint-Amand

Pêche

Montez Vos Premières Mouches

Didier Ducloux

éditions proxima

Sommaire

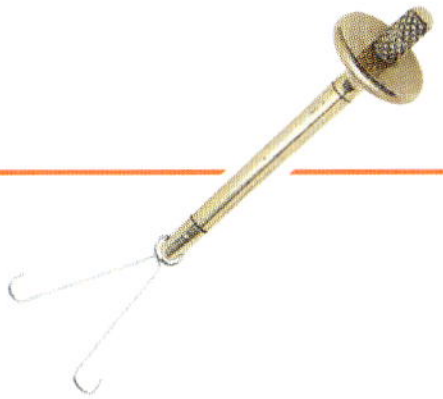

Préface

Le montage des mouches artificielles représente en quelque sorte la quatrième dimension de l'univers de la pêche à la mouche. Un univers où se rencontrent à la fois la maîtrise technique et l'improvisation, l'action et la contemplation, et dont le pouvoir de fascination ne s'est jamais démenti. De quoi intimider le débutant, car il a souvent le sentiment – erroné – que tout cela est trop compliqué pour lui. Cependant, une fois qu'il a acquis les bases techniques de la pêche à proprement parler, le moucheur se retrouve face à un nouveau défi : pourquoi ne pas monter soi-même des imitations d'insectes ? Ses amis lui disent que rien ne vaut un poisson pris avec une mouche que l'on a fabriquée et pourtant, il reculera devant cette nouvelle activité et continuera à acheter ses mouches dans le commerce, y consacrant d'ailleurs un budget considérable. *Montez vos premières mouches* s'adresse à ces pêcheurs, jeunes et moins jeunes, qui aimeraient débuter dans l'art du montage. Ils n'ont pas forcément la chance de connaître des monteurs

ou de fréquenter un club ou encore, n'étant
pas très manuels, ils imaginent
que la tâche est insurmontable. Ceux-là se privent
d'un immense plaisir, d'une activité hypnotique
qui parfois supplante les joies de la pêche elle-même.
Car le montage des mouches est bien un art, avec tout
ce que cela implique en termes d'observation
de la Nature et de capacité à imiter celle-ci,
d'apprentissage des techniques, d'exercices,
d'esthétique, mais surtout de créativité. Si chacun peut
reproduire un modèle existant, chacun peut aussi
inventer SA mouche, pas forcément belle mais qui,
une fois au bord de l'eau, s'avérera d'une efficacité
redoutable. Cet ouvrage, unique en son genre,
rassemble toutes les techniques qu'il faut maîtriser,
des astuces précieuses ainsi que de nombreuses
mouches à réaliser pour progresser. Que le lecteur
devienne un monteur complet et accompli, qu'il prenne
de nombreux poissons avec ses modèles
et ce livre aura rempli sa mission.

L'éditeur

L'univers des mouches artificielles

Avant de se mettre à l'étau, le monteur débutant devra acquérir un minimum de connaissances sur les insectes aquatiques, mais aussi identifier tous les outils et matériaux qui lui permettront de réaliser de belles imitations. Une grande part du plaisir du montage des mouches vient justement de cette profusion baroque de plumes, de fibres ou de poils, qui servent à créer l'illusion de la vie.

Les insectes aquatiques

Ce chapitre a pour but de vous donner un minimum de connaissances sur l'entomologie, science qui étudie les insectes. Nous ne rentrerons pas dans les détails, le livre complet n'y suffirait pas, mais pour monter correctement une mouche, il est important d'avoir quelques notions sur les insectes.

Les insectes servant de nourriture aux poissons appartiennent à plusieurs familles :

• Les éphéméroptères

Plus connus sous le nom d'éphémères, ce sont les plus courants des insectes que l'on peut observer sur nos rivières. Ce sont les mouches de base du pêcheur au fouet, il en existe un grand nombre d'espèces et elles sont présentes tout au long de la saison de pêche. Le plus connu des éphémères est sans conteste la mouche de mai et c'est aussi le plus grand de tous. Malheureusement, les éclosions massives d'antan se sont réduites à une peau de chagrin et les rivières où cette mouche est encore vraiment présente en grand nombre se réduisent d'année en année.

Larve d'éphémère.

L'autre espèce d'éphémère qui est tout aussi connue que la mouche de mai est *Baetis rhodani*. Cette famille d'insectes possède des éléments qui permettent facilement de les différencier. Les ailes sont transparentes et dressées au-dessus de l'insecte, elles sont au nombre de quatre, deux grandes, plus deux petites souvent difficilement visibles. L'insecte possède deux ou trois cerques, sortes de queues fines positionnées à l'extrémité du corps et, comme tous les insectes, les pattes sont au nombre de six. L'insecte adulte pond ses œufs dans la rivière, ils se déposent au fond et des larvules en sortent. À la suite de quelques mues réparties sur un an environ, la larve arrive au terme de sa maturation. Elle quitte le fond et monte à la surface : c'est ce que l'on appelle une nymphe. À ce stade, elle intéresse beaucoup la truite ou l'ombre et par conséquent le pêcheur car, emportée par le courant, elle dérive un certain temps entre deux eaux et le poisson n'a qu'à la cueillir sans dépenser une grande énergie. De plus, la pression de pêche étant plus importante, les poissons ont radicalement changé leurs habitudes alimentaires; au lieu de se nourrir principalement en surface, ils ont de plus en plus tendance à rechercher leur nourriture sur le fond. C'est pour cette raison que la pêche en nymphe connaît de plus en plus d'adeptes.

Petit éphémère : la baétis.

Grand éphémère : la mouche de mai.

Arrivée dans la pellicule de la surface leur enveloppe, appelée exuvie, se fend et l'insecte ailé en sort : c'est le stade émergent. Là encore l'insecte en train de naître est particulièrement vulnérable et fait le bonheur des truites.

Il est alors terne et il dérive longtemps à la surface de l'eau, ce qui permet aux ailes de se déplier complètement et de sécher. En terme de pêche à la mouche, c'est ce que l'on appelle le stade du subimago, ou insecte immature. Lors de ces éclosions, souvent massives, les poissons perdent leur méfiance et se hasardent en surface en ponctuant la rivière de nombreux gobages.

Ensuite l'éphémère s'envole pour gagner la végétation rivulaire et, à la suite d'une ultime mue, se transforme en insecte adulte appelé imago. L'insecte est doté d'ailes brillantes et cristallines, sa silhouette est plus fine et il s'envole pour un ballet nuptial. Fécondé en vol, il dépose ses œufs à la surface de l'eau et la boucle est bouclée. La vie terrestre des éphémères, comme leur nom l'indique, ne dure que quelques heures à une journée. L'ultime stade qui intéresse le pêcheur à la mouche est celui de l'insecte mort ou « spent ».

Une fois la ponte accomplie, l'éphémère meurt et tombe à la surface de l'eau les ailes à plat où, inerte, il est emporté par le courant. Les poissons s'installent dans les veines d'eau porteuses et se gavent de cette manne inattendue. C'est surtout tôt le matin que le pêcheur profitera de cette aubaine.

• Les trichoptères

Communément appelés phrygane, ou sedge, le nombre d'espèces de cette famille d'insectes est impressionnant. Rien qu'en France, on en dénombre plus de 350 vivant dans les différents milieux aquatiques. Ils se différencient des éphémères par des ailes poilues repliées sur le dos en forme de toit. L'insecte en vol est souvent confondu avec un petit papillon. Les phryganes se transforment directement en insecte adulte sans passer par l'état de subimago. Leur durée de vie terrestre ne dépasse pas deux jours.

Larve de trichoptère sans fourreau et son imitation.

Larve de trichoptère avec fourreau et son imitation.

Le stade larvaire de cet insecte est très intéressant pour le pêcheur. Après la prise d'une truite, il suffit d'observer le contenu stomacal du poisson pour s'apercevoir qu'il est souvent composé en grande partie de larves de phryganes.

Grand sedge roux.

Il en existe deux sortes :

Les larves avec fourreau, composé de petits grains de sable ou de résidus végétaux suivant l'endroit où elles vivent. Il sera donc judicieux d'en posséder des imitations dans sa boîte pour ne pas passer à côté de belles pêches. Les fourreaux peuvent être fixés aux pierres du fond ou bien libres. Les larves peuvent alors se déplacer, elles sont appelées communément « porte-bois ».

Les larves sans fourreau se rencontrent principalement dans la végétation aquatique où elles se réfugient. Pour chasser, certaines espèces tissent une sorte d'entonnoir où les proies sont prises au piège.

Après une ultime mue, les larves arrivées à maturité tissent une sorte de cocon, la logette nymphale, et se transforment. Les antennes et les ailes apparaissent, les pattes s'allongent, le corps s'affine, et elles sont prêtes à

Petit sedge gris présent durant toute la saison de pêche.

gagner la surface. Elles découpent l'extrémité de leur cocon et atteignent l'air libre en nageant ou en se laissant porter par le courant. C'est le stade émergent. Comme pour les éphémères, l'insecte est très vulnérable et les poissons profitent amplement de l'aubaine pour se nourrir de ces insectes dérivant au fil du courant. Les imitations d'émergentes de trichoptères seront donc essentielles dans la boîte du pêcheur à la mouche. Les trichoptères sont lucifuges et par conséquent les éclosions ont lieu principalement par temps couvert ou à la tombée de la nuit.

Larve de plécoptère et son imitation.

• Les plécoptères

Ils regroupent les insectes appelés perles ainsi que les mouches de pierres. Ils sont moins courants que les familles précédentes mais demeurent incontournables à certaines saisons pour le pêcheur à la mouche. Au repos ils ressemblent aux trichoptères mais les ailes sont plus longues, elles sont posées à plat sur le dos et ne sont pas poilues. La grande perle vit dans des eaux exemptes de pollution et elle est un bon indicateur de la qualité des eaux.

Plécoptère adulte (ou mouche de pierres) et son imitation.

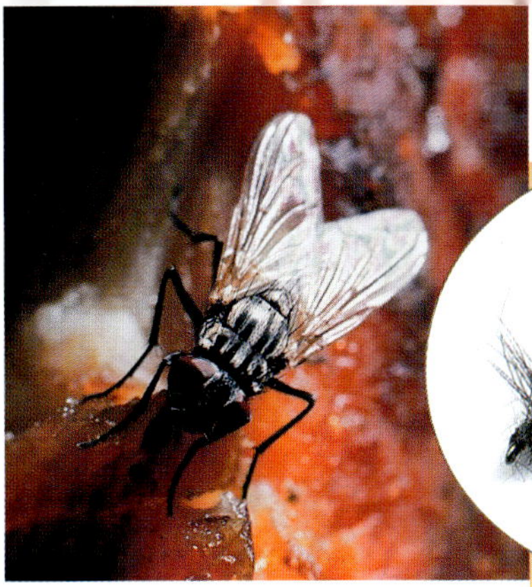

Mouches de maison.

• Les diptères

L'espèce la plus connue de cette famille est la mouche de maison, mais la plus utilisée reste l'imitation de chironome, sorte de petit moucheron proche du moustique, dont la larve est le ver de vase.

La fourmi déclenche la folie sur les rivières en fin de saison.

• Les mégaloptères

Cette famille regroupe toutes les espèces de fourmis. Durant les chaudes journées d'été, les imitations de fourmis sont souvent le seul moyen de ferrer de beaux poissons. Elles sont surtout imitées à l'état d'insecte ailé, en sèche ou en noyée. C'est un insecte purement terrestre qui n'intéresse les poissons que quand il tombe accidentellement à l'eau.

Cette liste regroupe les principaux insectes pouvant être imités mais d'autres servent de nourriture aux poissons et peuvent, par conséquent, intéresser le monteur de mouches : les petites chenilles vertes qui tombent des arbres bordant la rivière rendent les truites très sélectives au printemps. Les coléoptères et autres scarabées, sans oublier l'incontournable sauterelle, font également le régal des truites, quand ils tombent malencontreusement à l'eau à la belle saison.

Matériel et matériaux

Afin de commencer à monter des mouches artificielles dans les meilleures conditions, il convient d'acquérir des outils et des matériaux de qualité. Une règle d'or : prendre son temps pour choisir et ne pas acheter des outils qui ne serviront jamais.

• Le matériel de montage

À l'origine les pêcheurs à la mouche montaient leurs imitations au bord de l'eau et ne disposaient d'aucun matériel de montage. Les mouches étaient simples mais prenantes, il faut bien reconnaître qu'à l'époque les rivières étaient beaucoup plus poissonneuses.

Les temps ont changé et, aujourd'hui, le monteur dispose d'un matériel varié pour lui faciliter les choses. Certains outils sont surtout des gadgets dont on peut se passer mais d'autres, en revanche, sont indispensables. C'est sur ces derniers que nous allons nous attarder.

L'étau

C'est l'outil de base de tous les monteurs de mouches. Tous sont équipés de mors servant à fixer l'hameçon et, par conséquent, permettant d'avoir les mains libres pour travailler. L'étau se fixe à la table par un système de serre-joint ou sur un socle en fonte que l'on pose à l'endroit désiré. Ce qui fait la différence entre les différents types d'étaux est le système de serrage des mors. Lors du choix de l'étau, assurez-vous de la qualité des mors. Ils doivent être en acier haute résistance pour supporter l'usure.

– Étau à levier arrière (type « Thompson »)
C'est le plus répandu du marché, il est à la fois simple d'utilisation et d'une grande robustesse. Le serrage des mors s'effectue en actionnant un levier situé à l'arrière de l'outil. Un des principaux avantages de cet étau est la possibilité de changer les mâchoires qui enserrent l'hameçon.

– Étau à levier latéral (type « Régal »)
C'est l'outil préféré des professionnels. Son système de serrage par levier latéral est rapide et le maintien de l'hameçon entre les mors est particulièrement efficace. La forme caractéristique du bout des mâchoires autorise le travail sur toutes les tailles d'hameçons, même les plus petits. Il est orientable dans tous les sens et la tête peut pivoter sur 360°. Sur ce type d'étau, les mâchoires ne sont pas interchangeables.

– Étau rotatif (type « Danica »)
Nouveau venu sur le marché, cet étau remporte un vif succès. La tête est rotative grâce à un système de manivelle, ce qui permet d'enrouler les matériaux facilement et en spires parfaitement jointives. Il peut également rester en position fixe pour permettre de placer les matériaux avec une grande précision. La fixation de l'hameçon s'effectue par un système de levier.

Les ciseaux

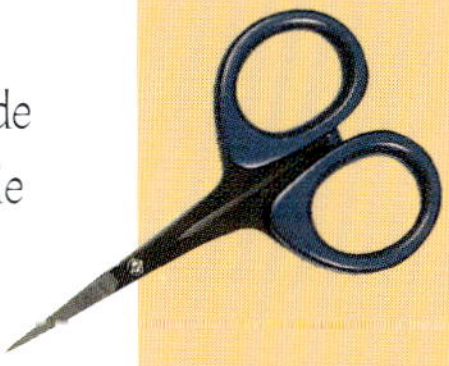

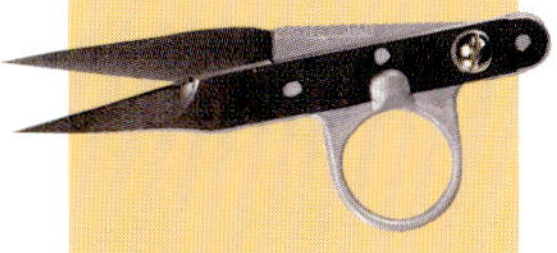

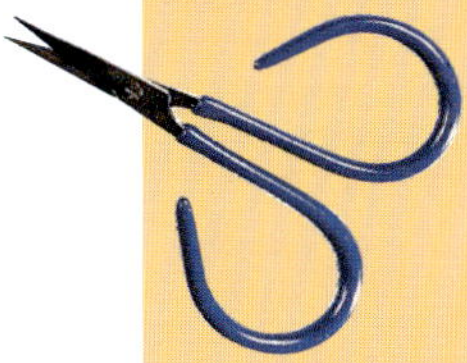

Tout comme l'étau, la paire de ciseaux est un élément clé du matériel de montage, n'hésitez pas à y mettre le prix : il n'y a rien de plus désagréable que de monter des mouches avec des ciseaux qui ne coupent pas. Même si, neufs, ils coupent bien, l'aiguisage des ciseaux bon marché disparaît rapidement. À tous les stades du montage, les ciseaux entrent en action. Les modèles classiques sont passe-partout et peuvent servir pour toutes les tâches. Les clippers, ou ciseaux à ressort, seront particulièrement appréciés pour tailler les poils de cervidés. Pour couper les matériaux durs comme le fil de cuivre ou de plomb, utilisez des ciseaux classiques usagés. Même les meilleurs des ciseaux perdront leur coupant si vous les utilisez pour sectionner ce genre de matériaux.

Le porte-bobine

Le porte-bobine sert à maintenir la bobine de soie pendant le montage. Cela facilite grandement la tâche et évite de salir le fil de montage. L'autre avantage est de former un lestage, ce qui est très pratique pour laisser la

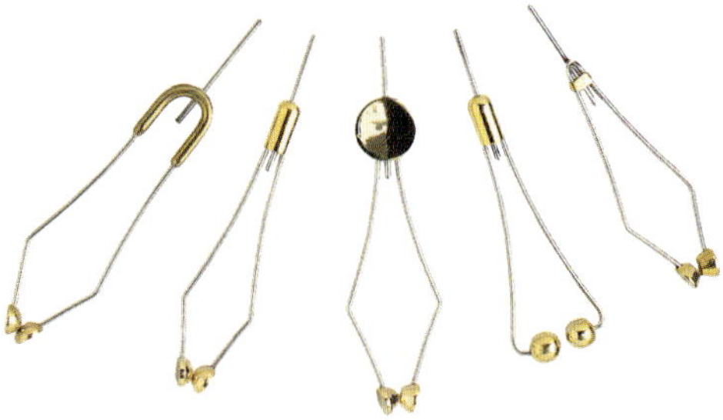

soie en attente. Il existe une grande variété de modèles sur le marché. Les plus intéressants pour le débutant sont ceux équipés d'un embout en céramique. Ils ont l'avantage de ne pas couper la soie pendant le travail, ce qui n'est pas le cas des modèles classiques.

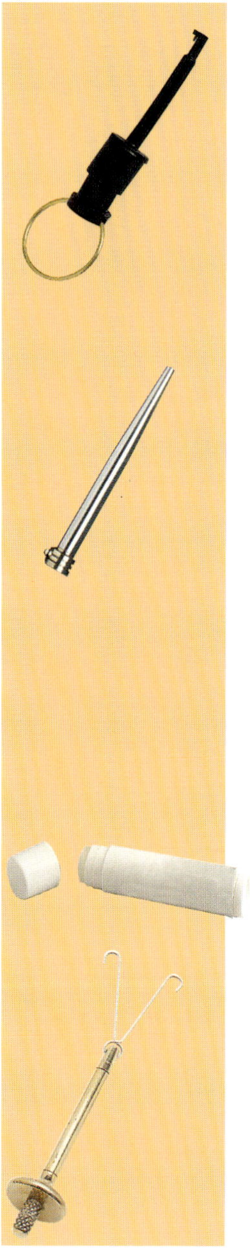

La pince à hackle

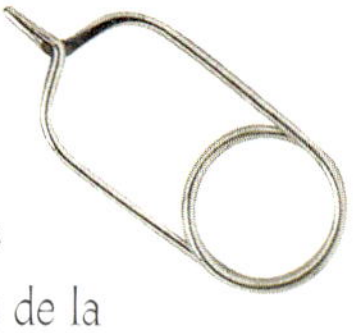

Elle sert à tenir la plume de coq, ou hackle, de manière à pouvoir l'enrouler facilement autour de la tige de l'hameçon. Il en existe de plusieurs sortes qui sont toutes bonnes, à condition que le maintien de la plume soit ferme. Pour le débutant, qui a souvent tendance à casser la plume, une pince munie d'un ressort sera plus pratique, car elle règle la tension du hackle et la rupture est alors beaucoup moins fréquente.

Les outils de finition

Il en existe deux sortes :

– L'outil à demi-clé

C'est une sorte de tube servant à effectuer le nœud d'arrêt de la mouche (voir page 42). Certains sont pourvus à l'autre extrémité d'une aiguille servant à ébouriffer le dubbing ou à déboucher l'œillet de l'hameçon après avoir déposé une goutte de vernis.

– Le whip finish

Cet outil sert à faire une ligature de finition très solide pour arrêter le montage de la mouche (voir page 43).

Le stick de poix

La poix sert à faire adhérer les poils du dubbing à la soie. Achetez-la en stick plutôt que liquide ou en barre, elle sera plus simple à utiliser.

Le twister à dubbing

Il permet de former des mèches de dubbing (voir page 50), mais l'on peut s'en passer et assembler ces mèches en vrillant le dubbing entre le pouce et l'index.

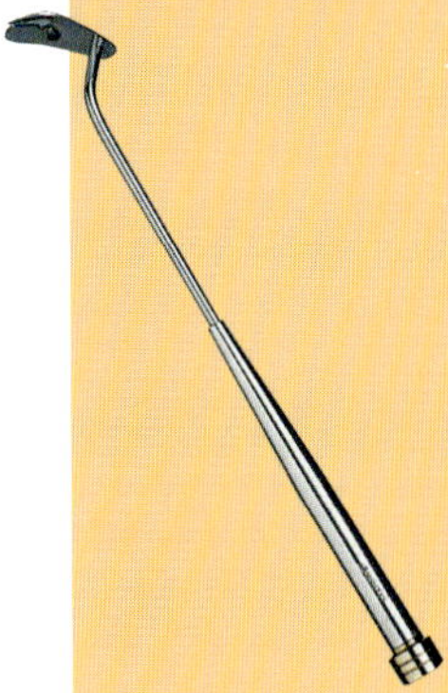

L'aligne-poils

Il sert, comme son nom l'indique, à aligner la pointe des poils de cervidés ou autres pour former les ailes de diverses imitations.

Le protège-hackle

Ce petit outil permet de rabattre les fibres de la collerette en arrière lors du vernissage de la tête.

• Les matériaux de montage

Les hameçons

Ils forment l'élément indispensable au montage des mouches artificielles, car ils servent de support aux différents matériaux constituant l'artificielle. Depuis quelques années, des modèles constitués d'un mélange de carbone et d'acier sont commercialisés aux côtés des classiques en acier trempé. Les hameçons en carbone sont plus légers, ne s'ouvrent pas mais ils ont tendance à casser sous une forte pression. Le choix du débutant peut se révéler compliqué car les modèles d'hameçons sont innombrables.

Les grands types d'hameçons :

– Les hameçons courts

Ils servent à monter les petites mouches sèches comme les culs-de-canard et certaines imitations de moucherons.

– Les hameçons standards ou normaux

Ils permettent de monter la plupart des modèles de mouches sèches et certaines petites nymphes.

Des éléments indispensables

– La grosseur du fer

L'hameçon est constitué par une tige en acier plus ou moins épaisse suivant le poids désiré.

Les hameçons fins de fer, donc légers, serviront à monter des mouches devant flotter à la surface de l'eau ou dans la pellicule : sèches et émergentes. Les hameçons forts de fer, constitués d'une tige plus épaisse, donc plus lourde, contribueront à monter les mouches qui pêchent sous la surface : noyées ou nymphes.

– La longueur de la tige

Elle donnera la silhouette d'ensemble de la mouche.

– Les hameçons à tige longue

Ils sont surtout utilisés pour le montage des nymphes et des sedges. On trouvera également un avantage à monter les grands modèles de sèches, comme la mouche de mai, avec cette longueur de tige car on gagne en poids.

– Les hameçons à tige extra-longue

Ils servent exclusivement à monter les streamers.

Il existe aussi différentes formes d'hameçons servant à donner une silhouette particulière à l'imitation, spécialement aux nymphes. Le plus connu est l'hameçon caddis. Sa forme arrondie vers le bas imite à la perfection l'aspect des émergentes de sedges et de chironomes. L'hameçon courbe en forme de « S » allongé simule parfaitement la silhouette des nymphes gagnant la surface pour éclore.

Depuis peu, la marque Tiemco a commercialisé un hameçon dont l'œillet n'est pas fermé comme sur les autres modèles. Il est très pratique quand la lumière baisse au coup du soir. On fixe la ligne à la mouche par un nœud coulant que l'on sert, inutile alors de passer le fil dans l'œillet.

Les plumes

– Les hackles

Même si le montage de mouches modernes se tourne de plus en plus vers des montages sans collerette pour obtenir des mouches qui flottent plus bas sur l'eau, les hackles (ou plumes du cou du coq) sont encore utilisés par une grande majorité de monteurs. Ils sont longs et fins, la tige (ou rachis) doit être souple pour s'enrouler facilement autour de la hampe de l'hameçon. Les plumes de bonne qualité doivent posséder des fibres nerveuses, brillantes, et présenter le moins de duvet possible à la base (partie opaque).

Il existe deux sortes de présentation de hackles :

Les cous de coq

Ce sont les plus courants et les moins onéreux. Les plumes restent fixées sur la peau du cou de l'animal et l'on prélève les hackles au fur et à mesure des besoins. On trouve chez certains détaillants le cou de coq indien, bon marché, mais dont la qualité et le nombre de plumes utilisables sont souvent médiocres. En revanche, les cous de coqs génétiques sont plus chers mais ils possèdent un très grand nombre de plumes d'excellente qualité, ce qui facilite grandement la tâche des débutants et donne des mouches flottant bien. Tous les cous existent en couleur naturelle ou teintés.

Les hackles de coq limousin (ou coq de pêche)

Contrairement aux coqs que l'on élève et que l'on tue pour prélever le cou, les coqs de pêche sont régulièrement « plumés », plume par plume. Ces plumes sont plus chères mais leur brillance est incomparable. Leur couleur est le plus souvent dans les tons de gris, déclinés à l'infini. Toutes les plumes sont plus ou moins mouchetées de minuscules points marron roux, ce qui augmente encore la palette des nuances. Ce type de matériaux est à réserver au monteur exigeant et est à déconseiller aux débutants.

– Les plumes rondes

Un grand nombre de plumes d'oiseaux sont utilisables dans le montage des mouches, surtout si le monteur a de l'imagination. Elles sont prélevées sur le flanc et le poitrail des oiseaux.

Le cul-de-canard

C'est la plume qui a révolutionné le montage de mouches au cours de la dernière décennie. Elle peut être utilisée dans de nombreux montages, tournée en collerette, montée en toupet à l'avant de la mouche, elle peut imiter les ailes de sedges et même, vrillée en fuseau, pour former des corps flottant bien. Cette plume est extraite de la région de la glande uropygienne du canard et, par conséquent, elle est naturellement imbibée de particules de graisse, ce qui lui procure une excellente flottaison. De plus, sa texture duveteuse donne une «vie» incomparable à la mouche. Elle existe en de nombreuses couleurs naturelles ou teintée.

Les pelles de coq

Ce sont des plumes prélevées sur les flancs des coqs. Les fibres sont très raides et servent à faire les cerques des mouches. Celles des coqs limousins sont de même couleur que les hackles mais les plus belles sont celles des coqs pardo. Originaires de la province du León en Espagne, les pelles de ces coqs sont mouchetées et d'une grande brillance. Les fibres servent en particulier à monter la célèbre Palaretta.

Les plumes de flanc de cane colvert

Cette plume est l'élément essentiel pour la composition de la peute mais elle sert également à la confection des ailes de sedges.

Les plumes de marabout

En réalité, il s'agit de plumes de cuisse de dinde. L'aspect duveteux et mobile de cette plume la fait entrer dans la composition de nombreux streamers d'eau calme. Les plumes de marabout sont teintées et la palette des coloris est très vaste.

La liste des petites plumes rondes servant surtout à monter les ailes de sedges est longue mais, parmi les plus utilisées, on peut citer : la plume de faisan commun, les plumes de cou et de flanc de faisan doré, les plumes de pintade, de perdrix rouge et grise, de sarcelle, de grouse, etc.

– Les plumes longues

Elles sont utilisées pour faire des corps en prélevant une ou plusieurs fibres qui seront ensuite enroulées autour de la tige de l'hameçon ; dans ce cas, on utilise le plus souvent les plumes de queue. Autre utilisation : les portions de certaines plumes longues, en particulier celles des rémiges d'aile, permettent de monter les ailes de mouches noyées ou sèches.

Les plumes de queue de faisan (ou sabres)

Elles entrent dans la composition d'un grand nombre d'artificielles dont la plus connue est la Pheasant tail. Les fibres sont également utilisées pour simuler les cerques de certaines grandes artificielles comme la Mouche de mai. On trouve dans le commerce des sabres de couleur naturelle ou teintés.

Les herls de paon

Ce sont les fibres duveteuses des grandes plumes de queue du paon mâle. Enroulés autour de la tige de l'hameçon, ils permettent d'imiter le corps de certains insectes terrestres et entrent dans la composition des ailes de certaines mouches noyées et streamers.

Les quills de paon

Ce sont les mêmes fibres que les herls de paon, mais débarrassées de leurs barbules. Les meilleurs sont prélevés sur la pointe de la grande plume : l'œil. Les quills sont brillants et finement bordés d'un liseré foncé qui imite à la perfection les segments de l'insecte naturel.

Les plumes d'autruche

Les herls qui composent la plume d'autruche sont d'un aspect similaire aux herls de paon, mais les barbules sont plus longues et plus souples. Ils servent à confectionner des thorax de nymphes et d'émergentes, ainsi que des corps de mouches sèches. Les plumes d'autruche sont déclinées en de nombreuses couleurs naturelles ou teintées.

Les plumes d'aile de dinde

Les plumes de rémige de dinde comme celles de nombreux autres oiseaux possèdent des fibres assemblées par de petits crochets semblables au Velcro. En prélevant plusieurs fibres accrochées ensemble, on obtient une portion de plume. Cette portion permet de faire des ailes de mouches sèches et noyées. Elles peuvent s'utiliser pour simuler la boîte à ailes de certaines nymphes et sont le plus souvent teintées.

Les soies de montage et autres fils

On entend par soie de montage tout fil servant à assembler les divers matériaux sur l'hameçon. Les fils synthétiques ont remplacé la soie naturelle utilisée autrefois pour le montage des mouches. Ils ont gardé le nom de soie mais ont largement gagné en solidité. On trouve aujourd'hui des fils très fins mais suffisamment solides pour monter une mouche dans de bonnes conditions. Le diamètre des soies de montage est noté sur les bobines en dixième de millimètre : par exemple 8/0, 6/0.

La soie la plus utilisée et qui convient pour la plupart des montages est d'un diamètre de 6/0. Elle est particulièrement recommandée aux débutants du fait de sa bonne solidité. Les monteurs confirmés ou adeptes de montages minutieux utiliseront une soie de 8/0, voire 14/0.

Pour les montages de streamers sur de gros hameçons, un fil de 4/0 sera parfait. Il existe du fil en Kevlar, d'une solidité à toute épreuve qui sera utilisé pour les gros streamers à carnassier ou les mouches à saumon.

Certains fils ne sont pas utilisés pour monter la mouche à proprement parler mais plutôt pour en habiller les corps. Ils sont en général plus gros que les soies de montage et différents également par la matière utilisée.

– Le polydub ou polyfloss
C'est un fil multibrin qui sert à habiller le corps d'un grand nombre de mouches. Il donne des corps parfaitement lisses et est particulièrement recommandé aux débutants qui auront ainsi une finition de mouche impeccable. Il existe un fil d'aspect similaire mais beaucoup plus gros, c'est le vitafloss.

– Les fils d'acétate
Ce sont également des fils multibrin d'aspect brillant qui ont la particularité de fondre quand on applique de l'acétone. Cela permet de faire des corps lisses et d'une grande solidité.

– La soie naturelle
C'est un des seuls matériaux qui ne se trouve pas dans les magasins spécialisés mais en mercerie. Il fait des corps très brillants et il est surtout utilisé pour le montage des mouches noyées.

– Le tinsel
C'est un fil brillant en matière synthétique qui sert à cercler le corps de la mouche pour lui donner de l'éclat. On en trouve du plat, du rond et de l'ovale. Les couleurs les plus courantes sont l'or et l'argent mais depuis quelques années la palette de coloris s'est élargie.

– Le fil de cuivre
Il sert à cercler les corps de nymphes et d'émergentes. On peut également l'utiliser pour lester les toutes petites nymphes.

– Le fil de plomb
Il est utilisé uniquement pour lester les nymphes et au montage il est le plus souvent recouvert par les matériaux de montage. Il existe en différents diamètres.

Poils naturels et synthétiques
Les poils peuvent s'utiliser de différentes manières :
– la peau coupée en bandelettes est fixée sur la mouche ;
– les poils seuls sont fixés à la soie pour en faire des mèches et ils portent le nom de dubbing.

– Les poils de lièvre

Sur une fourrure de lièvre on utilise surtout les poils du masque (la face avant de la tête) et les poils des oreilles. Les poils d'oreille de lièvre sont courts et employés pour faire le corps de certaines nymphes et émergentes dont la célèbre Oreille-de-lièvre. Les poils du masque quant à eux sont plus longs et servent surtout à confectionner des thorax de nymphes. Ces matériaux se trouvent dans le commerce en couleur naturelle ou teintés.

– La fourrure de taupe

Les poils de la taupe sont courts et ont un aspect soyeux du plus bel effet pour former des corps de nymphes. La couleur naturelle est gris foncé, presque noire, mais on trouve des morceaux de peau teintés.

– Les poils de cervidés

Les poils de cervidés ont la particularité d'être creux et donc d'assurer une bonne flottaison. Ils sont le plus souvent fixés à la tige de l'hameçon et taillés pour faire des corps ou des ailes de sedges (voir page 52). Depuis peu on trouve dans le commerce des bandelettes de poils de cervidés que l'on enroule sur la tige, et il ne reste plus qu'à les tailler pour obtenir le même résultat. Un autre montage pour les ailes consiste à les fixer par la base. Le plus utilisé est le poil de chevreuil, il convient bien aux montages de taille moyenne. Le cerf et l'élan sont le plus souvent employés pour des montages plus importants en raison du poil qui est plus gros.

– Les poils de lapin

Son poil doux et très souple en fait un matériau de tout premier choix pour la fabrication de certains streamers. L'utilisation la plus courante est sous forme de bandelettes de fourrure que l'on fixe par différents moyens sur le dessus du streamer (type « Zonker »). On peut également enrouler cette bandelette de lapin autour de la tige de l'hameçon pour former une collerette.

– Les bandelettes de fourrure
À l'heure actuelle, on trouve sur le marché des bandelettes de fourrure de différents animaux :

le vison : les poils sont plus courts que le lapin ;

le putois : les poils sont similaires au vison, mais la pointe est noire ;

le blaireau : les poils du blaireau sont longs et souples avec la moitié supérieure plus claire, ils servent à confectionner les grands streamers à carnassier. Hormis le blaireau, toutes ces bandelettes de fourrure se trouvent teintées.

– La queue de veau
Les poils de queue de veau sont de taille moyenne et assez raides. Ils sont surtout utilisés pour former les queues de streamers ainsi que les mouches à saumon. Les poils de queue de veau se déclinent en diverses teintes.

– Le buck tail ou queue de daim
On le trouve dans diverses teintes. Les poils sont assez longs et, contrairement aux poils de corps de cervidés, ils sont pleins. Ils sont utilisés pour la confection de grands streamers.

– Les dubbings
On trouve dans le commerce toute une panoplie de dubbings prêts à l'emploi. Quelques dubbings de texture et de densité différentes suffiront pour l'apprentissage du montage de mouches artificielles.

Le fly rite

Il se présente sous forme de mèches que l'on fixe à la mouche avec la soie et que l'on enroule comme n'importe quel matériau. Sa faible densité le rend hydrophobe et il est donc parfait pour confectionner le corps des mouches, ainsi que des thorax d'émergentes. Dans le même style, on trouve du silicon dub, qui s'utilise de la même manière mais donne plus de volume à l'artificielle.

Le dub-or-plus

C'est un des dubbings les plus utilisés par les monteurs modernes. C'est un mélange de poils d'oreille de lièvre et d'Antron. Il donne brillance et volume aux nymphes et émergentes. On l'emploie directement sur la soie poissée ou en mèche faite grâce au twister à dubbing.

Le Krystal hair

C'est un mélange de fibres synthétiques de couleur et de fibres brillantes. La longueur des fibres permet de l'enrouler autour de la tige de l'hameçon et de faire des corps de streamers très lumineux.

Le dubbing préformé

Vendu sous le nom de « dubbing brush », il est constitué le plus souvent d'une âme de fil ou de cuivre vrillée avec différentes sortes de dubbings. C'est très pratique et rapide pour former les parties en dubbing des mouches et nymphes.

Les matériaux synthétiques

Depuis quelques années, les catalogues des distributeurs de matériaux de montage ont considérablement gonflé et ce grâce à la multiplicité des matériaux synthétiques.

– Le Flashabou

Ce sont de longues fibres plates et brillantes servant à donner de la luminosité aux streamers. On le trouve dans diverses teintes et même phosphorescent.

– Le Z lon

Il se présente sous forme de longues mèches dont on prélève une partie pour former les ailes des mouches sèches. Sa brillance renvoie la lumière et il imite très bien les ailes cristallines des imagos.

– Le spinner tail

Ce sont de fines fibres synthétiques qui servent à faire les cerques des éphémères. Elles se présentent sous forme de petits pinceaux de différentes couleurs.

– Le zing

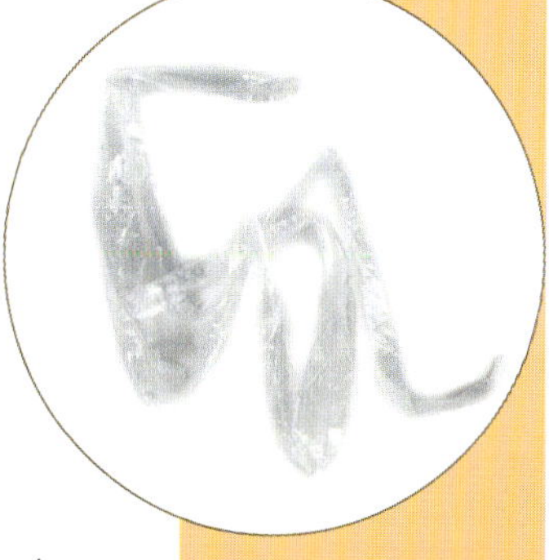

Fines feuilles transparentes qui, coupées à la forme désirée, servent à confectionner des ailes très réalistes d'éphémères imago. Un matériau similaire s'appelle le Ail-Air. Il est opaque, uni ou décoré. Travaillé de la même manière que le zing, il imite les ailes de subimagos d'éphémères.

– Le herlmousse

C'est une plaque de mousse qui se découpe en fines bandelettes. Enroulé autour de la tige de l'hameçon, il est utilisé pour former les corps et thorax de nymphes et d'émergentes. Il peut se dédoubler pour confectionner des imitations de taille plus réduite.

– La chenille

Il existe des chenilles de couleurs et de tailles très variées. La microchenille, la plus fine, sert à monter les corps et thorax des nymphes et émergentes. La chenille velours, la plus employée, est surtout utilisée pour former les corps de streamers. Quant à la chenille magic, la plus grosse, fabriquée sur une âme de fil de fer, elle est utilisée pour la confection des gros streamers à carnassier.

– Le body glass

C'est un matériau en plastique translucide qui est surtout utilisé pour confectionner des corps de nymphes. Il se présente sous la forme d'un gros fil demi-rond, la partie plate est enroulée contre la tige de l'hameçon et la partie ronde est apparente et imite très bien les annelures de la larve. On trouve dans le commerce le même matériau

mais plus fin vendu sous le nom de vinyl rib. Il est utilisé pour les toutes petites nymphes et certaines émergentes.

Les billes et les casques

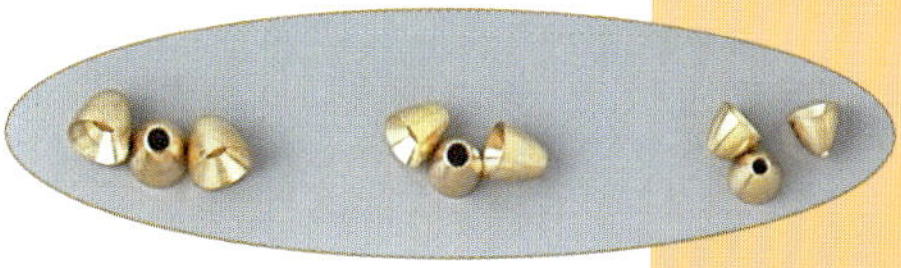

Apparues sur le marché il y a quelques années, les billes ont révolutionné le montage des nymphes. Ce sont des billes en laiton qui, placées en tête de la nymphe, permettent de la lester fortement. Depuis peu on trouve des billes en tungstène qui, à taille égale, sont deux fois plus lourdes. À l'origine, elles étaient dorées, mais elles existent maintenant en différentes couleurs : argent, cuivre, noir, vert fluo, jaune.

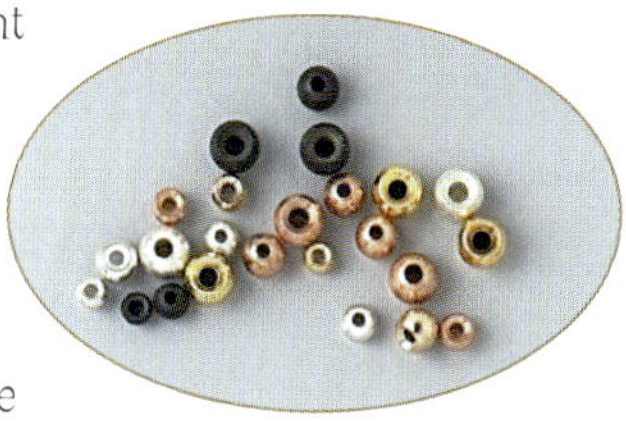

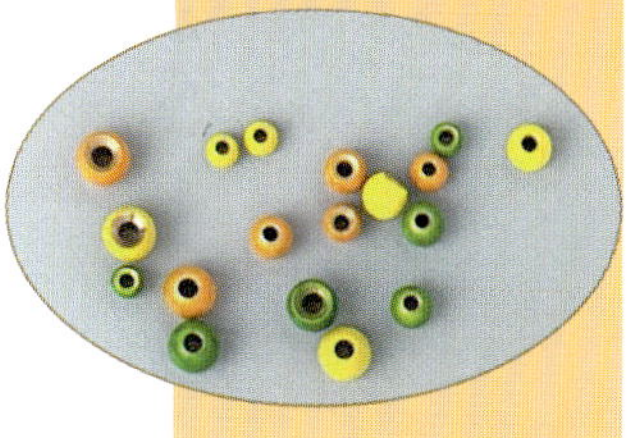

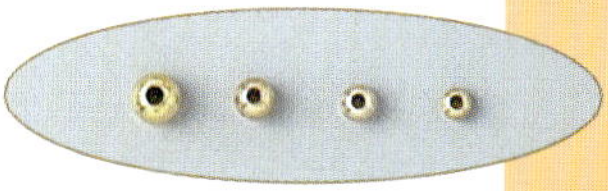

Pour lester fortement les streamers, on trouve sur le marché de petits casques à incorporer aux montages de streamers. Les leurres ainsi montés sont lourds et conviennent bien à la pêche en eau profonde.

Le vernis

C'est un matériau essentiel pour le montage de mouches. Il permet de donner un fini impeccable à certains corps, mais aussi, appliqué sur le nœud d'arrêt, il le renforce, ce qui évite à l'imitation de se démonter en cours de pêche. Il peut être incolore, ou teinté en noir, jaune ou rouge.

Pour la finition des corps, on trouve un vernis plus épais vendu sous l'appellation de plastifiant. Avec ce produit, une seule couche suffit pour rendre un corps lisse et brillant.

Quelques conseils pour bien commencer

Le montage de mouches est à la portée de tous, à condition d'avoir un minimum de patience. Chez les détaillants d'articles de pêche, les rayons sont de plus en plus fournis en matériaux destinés à la fabrication des mouches artificielles et il est souvent compliqué de s'y retrouver.

Les quelques conseils qui vont suivre vous aideront à faire un choix judicieux parmi les centaines de références proposées. Pour débuter dans le montage de mouches et acquérir les gestes de base, il est inutile de dévaliser les rayons, mais un minimum est nécessaire.
Libre à vous, quand vous aurez acquis un certain niveau, d'élargir la gamme de vos matériaux et de laisser libre cours à votre imagination pour créer de nouveaux modèles.

• Faire un choix judicieux

Au tout début de l'apprentissage, le monteur débutant éprouvera des difficultés à effectuer les gestes de base. Pour faciliter les choses, quelques règles s'imposent :
– Pour une bonne acquisition des premières notions, ne passez à la leçon suivante que lorsque vous maîtriserez parfaitement la leçon en cours. Ne soyez pas impatient, progressez doucement mais sûrement.
– Pour les premiers exercices, fixation de la soie, des cerques, etc., utilisez des hameçons de taille importante (n° 8 ou n° 6).
– Quand vous aurez acquis la technique de base, commencez vos

premiers montages complets par des streamers. Leur taille importante vous facilitera les choses. Au fur et à mesure que votre niveau technique progressera, vous pourrez diminuer la taille de vos imitations. Quand vous monterez avec facilité des mouches sur hameçon n° 22, une grande partie du chemin sera accomplie.

– Au cours de votre apprentissage, utilisez une soie de montage pas trop fine : la 6/0 est un bon compromis. À vos débuts, même avec cette soie, il vous arrivera de la casser. Ne désespérez pas et continuez. Quand cet incident ne se produira plus, vous pourrez passer à une soie de diamètre inférieur et confectionner ainsi des montages plus fins.

– Essayez de monter régulièrement ; si vous restez quelques semaines sans rien monter, vous perdrez une bonne partie du savoir acquis auparavant. Quand vous aurez un bon niveau de montage, les gestes et la technique ne se perdront pas mais, en attendant, il faut pratiquer et s'entraîner régulièrement.

– Enfin, pour monter des mouches, choisissez un endroit calme, bien éclairé et complétez cet éclairage par une lampe type architecte. Choisissez un siège qui vous maintient bien le dos pour éviter les courbatures, chose qui arrive fréquemment au bout d'un certain temps de montage.

• L'achat du matériel

En ce qui concerne l'achat du matériel de base, si votre budget vous le permet, n'hésitez pas à vous procurer des articles de bonne qualité, sans pour autant acheter le matériel dernier cri. En effet, il n'y a rien de plus désagréable que d'avoir un hameçon mal maintenu dans un étau, des ciseaux qui ne coupent pas, ou un porte-bobine qui coupe la soie à chaque instant. Cela ne facilite pas les choses pour un monteur confirmé, alors pour un néophyte, c'est un motif à vous dégoûter définitivement du montage de mouches. Depuis peu de temps les distributeurs de matériel de montage de mouches se sont penchés sur les problèmes que pouvaient rencontrer les débutants. Certains proposent des kits assez complets qui contiennent

Chez les détaillants, le choix de matériaux de montage est de plus en plus vaste.

Séance de montage de mouches dans une école de pêche.

tout ce qu'il faut pour débuter dans le montage de mouches. Pour un prix raisonnable, vous aurez du matériel de bonne qualité et un choix judicieux de matériaux pour vous permettre de monter un nombre assez important de modèles de base. Différents kits sont proposés sur le marché, certains sont des kits de base, et d'autres, un peu plus chers, contiennent une gamme de produits plus étendue.

Un autre concept est apparu sur le marché : un distributeur propose des kits permettant de monter plusieurs exemplaires d'un même modèle. Il contient tout ce qu'il faut pour faciliter la tâche du novice : une mouche montée comme modèle, une fiche de montage claire et détaillée, les matériaux nécessaires pour la fabrication de six exemplaires.

Pour le monteur qui désire acheter séparément son nécessaire de montage de mouches, deux solutions se présentent. Les achats peuvent s'effectuer chez votre détaillant habituel, à condition qu'il ait un rayon correctement approvisionné. Mais la solution la plus simple et peut-être la moins onéreuse est de commander par correspondance. Vous disposerez, en général, d'un très grand choix de références au meilleur prix.

Pour vous aider dans ce choix et vous éviter certaines erreurs, nous avons établi une liste de matériel et de matériaux de base pour commencer le montage des mouches. Bien sûr, libre à vous d'élargir l'éventail de ces produits au fur et à mesure de vos besoins et en fonction de vos progrès.

Le matériel indispensable

– Un étau ;
– Un porte-bobine ;

– Une paire de ciseaux;
– Une pince à hackle;
– Un outil à demi-clé (avec aiguille);
– Un flacon de vernis;
– Un tube de poix.

Les matériaux de montage

– Assortiment d'hameçons (tailles n° 16, n° 14, n° 12 tige normale, et n° 8 extra-long);
– 4 bobines de fil 6/0 (noir, marron, vert olive, jaune olive);
– 2 bobines de tinsel (or et argent);
– 2 bobines de fil de plomb (1 fin et 1 moyen);
– 1 bobine de fil de cuivre fin;
– 2 demi-cous Metz (un gris moyen et un roux);
– Assortiment de plumes de cul-de-canard (gris, ocre, vert olive, jaune);
– Assortiment de petites plumes rondes (flanc de cane, perdrix, faisan);
– Plume de queue de faisan;
– Plume de queue de paon;
– Assortiment de portions de plumes d'aile de dinde (jaune, marron, vert olive, grenat, blanc);
– Masque de lièvre naturel avec oreilles;
– Portion de peau de chevreuil;
– Assortiment de dubbing.

Suivant l'endroit où vous effectuerez vos achats, le prix approximatif de cette liste de matériel et de matériaux de montage devrait se situer entre 800 et 1000 francs en choisissant un matériel de qualité correcte. Si votre budget est moins important, pour 600 francs environ vous pourrez très bien vous équiper en vous procurant de la qualité inférieure (prenez des cous indiens au lieu de demi-cous Metz, par exemple).
Pour réduire votre budget montage de mouches et s'il y a des chasseurs dans votre entourage, demandez-leur de vous garder les plumes des perdrix, faisans, canards, et autres gibiers qu'ils auront tirés. Ou bien, au hasard de vos promenades, n'hésitez pas à ramasser les différentes plumes que vous trouverez.
Ces achats représentent un investissement de base qui sera vite amorti… et vous verrez que la satisfaction de prendre une truite ou un ombre avec une mouche que l'on a montée soi-même est beaucoup plus grande qu'avec une artificielle du commerce. Au début de votre apprentissage, les mouches ne seront peut-être pas très belles, mais elles prendront du poisson, car le plus important est de croire en sa mouche.

Les techniques à maîtriser

Les pages qui suivent vous permettront d'acquérir les techniques de base du montage.
Grâce aux modèles complets présentés en step-by-step et aux fiches de montage, vous pourrez ensuite mettre en pratique votre savoir-faire.

Les techniques de base

Commencer une mouche, la terminer par un nœud d'arrêt : des opérations primordiales que l'on rencontre dans tous les montages. Ces gestes doivent devenir automatiques au bout de quelques séances.

Proportions d'une mouche

Afin qu'elle puisse tromper la vigilance d'une truite ou d'un ombre, la mouche artificielle devra imiter, autant que possible, la silhouette des insectes naturels. Pour qu'une mouche soit prenante, il est donc important de respecter les proportions idéales des différents éléments qui composent l'imitation.

Proportions d'une sèche

A : longueur utile de la mouche.
B : corps 3/4 de A.
C : collerette 1/4 de A.
D : cerques D = A.
E : collerette E = A.
(les ailes sont un peu plus longues que la collerette E).

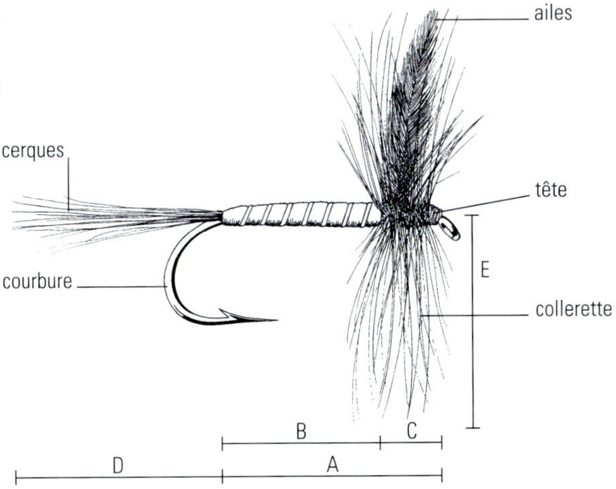

Proportions d'une noyée

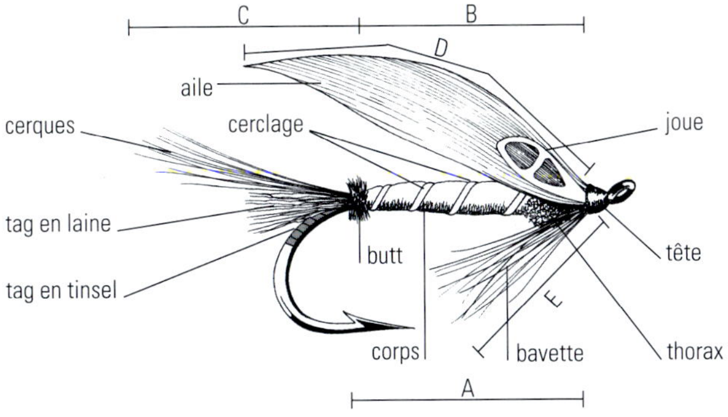

A : longueur utile de la mouche.
B : corps A – 1 mm.
C : cerques C = A.
D : aile A + 1/2 de C.
E : bavette = A.

Proportions d'une nymphe

A : longueur utile de la mouche.
B : corps 2/3 de A.
C : thorax 1/3 de A.
D : cerques 1/2 de A.
E : bavette 1/2 de A.

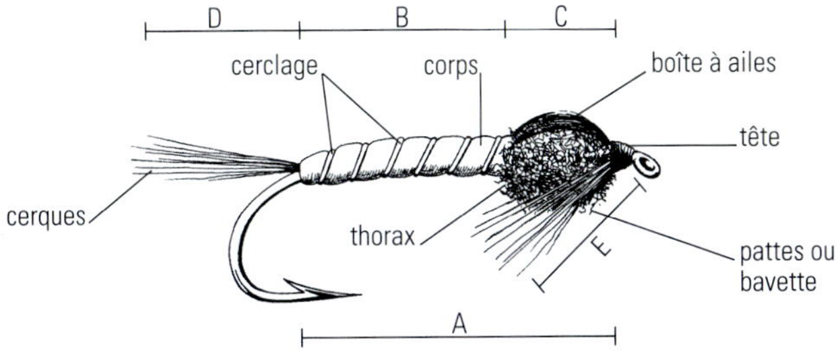

Commencer une mouche

La fixation de la soie peut s'effectuer derrière l'œillet ou à la courbure de la tige de l'hameçon.

Fixation de la soie à l'hameçon

• Prenez la soie montée sur un porte-bobine dans la main droite (pour les droitiers) et le brin mort dans la main gauche. Travaillez avec une petite longueur de soie sortie du porte-bobine (environ 7 à 8 cm). Placez la soie perpendiculairement à la tige de l'hameçon, la main gauche étant placée côté monteur et l'autre au-delà de l'étau.

• La main gauche tient le brin mort sans bouger. La main droite tient le porte-bobine et tourne autour de la tige de l'hameçon dans le sens des aiguilles d'une montre. La soie qui sort du porte-bobine emprisonne petit à petit le brin mort et, par conséquent, fixe la soie à l'hameçon. Enroulez-la en allant en arrière (côté courbure). Faites suffisamment de tours de soie afin qu'elle tienne correctement pour permettre la fixation des premiers éléments.

• La dernière opération consiste à couper le brin mort qui dépasse des enroulements.
Si vous fixez la soie derrière l'œillet et que vous l'enroulez jusqu'à la courbure, coupez le brin mort 2 ou 3 tours avant la fin des enroulements. En le positionnant en oblique par rapport à l'hameçon, les spires de soie seront parfaitement alignées.

Fixer les cerques

Les cerques imitent la queue de l'insecte, mais ils servent surtout à équilibrer l'imitation.

● Quand vous prélevez des cerques sur un grand hackle de cou de coq, arrachez la plume, coupez la moitié inférieure et passez-la à rebrousse-poil entre le pouce et l'index, les fibres seront alors perpendiculaires au rachis. Quand vous en prélèverez une pincée, les pointes des fibres constituant les cerques, elles seront toutes au même niveau.

1

2

● Quand cette opération est effectuée, positionnez la pincée de fibres à la courbure de l'hameçon par 2 ou 3 tours de soie. Pour ce faire, tenez les fibres par la pointe entre le pouce et l'index. La courbure de l'hameçon vient se loger contre la jointure des deux doigts. Vérifiez leur bon positionnement et consolidez par quelques tours de plus.

● Il ne vous reste plus qu'à couper l'excédent de fibres à l'avant du corps, vers l'œillet, ceci pour éviter la différence d'épaisseur qui serait disgracieuse au niveau de la coupure.

3

LE TRUC du professionnel

Des cerques parfaitement positionnés

● Lorsque vous aurez prélevé une pincée de fibres de hackle ou de pelle pour figurer les cerques, mouillez légèrement le pied (base) des fibres pour qu'elles restent groupées lors de la fixation avec la soie et qu'elles ne partent pas dans tous les sens.

● À la fixation des cerques sur la tige de l'hameçon, placez-les sur le côté de la tige côté monteur de manière à ce qu'ils se positionnent naturellement sur le dessus de la tige au premier tour de soie.

Un corps homogène

● Après la fixation des cerques, ne coupez pas le surplus immédiatement derrière la fixation, mais au niveau de l'avant du corps, vers l'œillet. Cela n'engendrera pas de cassure dans l'épaisseur du corps.

Finir une mouche

L'arrêt ou whip finish demande un peu d'entraînement, mais la demi-clé reste un nœud essentiel et simple à maîtriser. De sa solidité dépend la qualité de la mouche.

Demi-clé

1

• Pour terminer la mouche et éviter qu'elle se défasse, il convient de faire un nœud d'arrêt. Après avoir fait la tête, gardez une certaine tension avec la soie, prenez l'outil à demi-clé dans la main droite et positionnez-le perpendiculairement à la soie.

2

• Par un mouvement de rotation de l'outil, enroulez la soie (1 tour) autour de ce dernier. Amenez la partie creuse de l'outil sur l'œillet. Toujours en gardant la soie tendue, faites glisser la boucle ainsi formée sur les enroulements de la tête.

3

• Serrez et renouvelez l'opération à plusieurs reprises pour consolider l'arrêt. Pour une meilleure solidité, déposez une goutte de vernis ou de colle rapide.

Arrêt au whip finisher

● Gardez une certaine tension avec la soie et positionnez-la perpendiculairement à l'hameçon. Passez-la dans les crochets de l'outil en commençant par le plus petit des deux. La soie en provenance de la mouche se trouvera dans le petit crochet et celle qui vient du porte-bobine dans le grand. Positionnez l'outil de manière à ce que la soie qui sort du porte-bobine soit parallèle à l'hameçon et que la soie qui vient de la mouche soit perpendiculaire à la tige de l'hameçon.

● Exercez un mouvement de rotation de l'outil entre le pouce et l'index de manière à ce que le petit crochet tourne autour de l'axe de l'hameçon. La soie qui sort du porte-bobine ne doit pas bouger.

● Pour un bon arrêt de la mouche, 3 ou 4 tours suffisent, mais l'on peut faire toute la tête en spires jointives pour une meilleure finition. Cette opération terminée, dégagez le petit crochet, tirez sur la soie en provenance du porte-bobine et, quand le grand crochet arrive en contact avec les enroulements de la tête, vous pouvez le dégager. Coupez la soie à ras.

● L'arrêt au whip finisher est parfois le seul possible quand la mouche doit être stoppée derrière un hackle notamment (voir page 77).

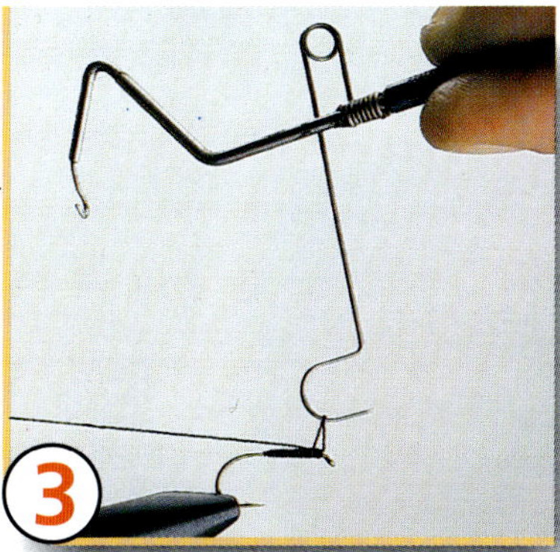

Réaliser des corps

Toutes les mouches comportent un corps, apparent ou en partie masqué, qui peut être réalisé avec une grande variété de matériaux. À chaque matériau correspond une technique à maîtriser.

Cercler un corps

Le cerclage correspond aux annelures des insectes naturels.
Il peut être fait avec de la soie ou du tinsel.

● Avec la soie noire, débutez le montage derrière l'œillet, allez à la courbure et laissez-la en attente.

1

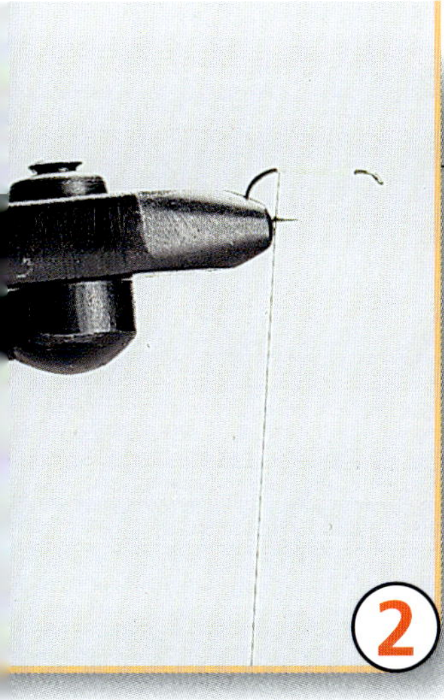

2

● Montez la bobine de soie claire destinée à faire le corps sur un porte-bobine et fixez-la aux 2/3 avant de la tige de l'hameçon. Avec cette dernière, réalisez le corps en terminant au point de départ, vers l'œillet.

3

● Avec la soie laissée en attente au début du montage, cerclez le corps en spires espacées mais régulières et bloquez la soie claire ayant servi à former le corps.

LE TRUC du professionnel

Tourner le tinsel ou cerclage dans le sens inverse

Pour éviter au tinsel de se noyer entre les enroulements d'une mèche de dubbing, par exemple, tournez le tinsel ou un cerclage en soie dans le sens inverse des enroulements de la soie de montage.

Monter la Cévenole

Cette nymphe simple et efficace vous permettra de vous exercer à cercler un corps.

Formule de montage

Hameçon : n° 18 à n° 12, tige longue.
Cerques : fibres de hackle roux.
Corps : soie de montage, cerclée d'un fil noir.
Thorax : herls de paon.
Tête : soie de montage.
Soie de montage : marron clair.

● À la courbure, fixez les cerques ainsi que le brin de soie noire.

● Avec la soie de montage, faites un corps conique sur les 2/3 de l'hameçon et cerclez-le. Vernissez le corps et, après séchage, fixez les herls de paon à la suite du corps.

● Tournez-les pour faire un thorax dodu, coupez l'excédent, faites la tête, le nœud d'arrêt et déposez une goutte de vernis.

Corps en fibres de plume

Les corps en fibres de plume peuvent être réalisés avec une seule fibre (condor, oie) ou avec plusieurs fibres (faisan).

• Les fibres utilisées pour ce genre de corps sont celles prélevées sur les grandes rémiges d'aile ou les plumes de queue d'oiseaux divers, comme ici le faisan. Elles peuvent s'employer seules (fibres de rémige) ou en pincée (queue de faisan). Fixez les fibres par la pointe à la courbure grâce à quelques tours de soie. Les fibres sont toujours orientées le pied en arrière de la courbure.

• Amenez la soie à l'extrémité du corps, généralement aux 2/3 de la longueur de la tige de l'hameçon, et coupez les morceaux de pointe qui dépassent en avant.

• Dans le cas d'une fibre seule, le plus simple est de la prendre avec une petite pince à hackle pour la tourner. Quand il y en a plusieurs (fibres de queue de faisan), vrillez-les pour former un fuseau et tournez-les à la main ou avec une pince à hackle en prenant soin de coincer tous les bouts de plume.

• Coupez l'excédent de fibres (pied) au niveau du bout du corps pour que l'épaisseur soit la même sur tout le corps.

Corps conique en soie de montage

C'est la technique de base pour la confection des corps. Pour améliorer la finition, vous pouvez le vernir entièrement.

• Fixez la soie de montage au milieu de la tige de l'hameçon et, au lieu d'aller en arrière, enroulez-la en l'orientant en avant (vers l'œillet). Faites quelques tours de manière à aller aux 2/3 de l'hameçon en tenant toujours le brin mort car il n'est pas emprisonné par la soie sortant du porte-bobine.

• Arrivé à la limite avant du corps (2/3), retournez en arrière et dépassez le point de départ de fixation de la soie. À ce niveau, le brin mort est emprisonné et la soie tient à l'hameçon.

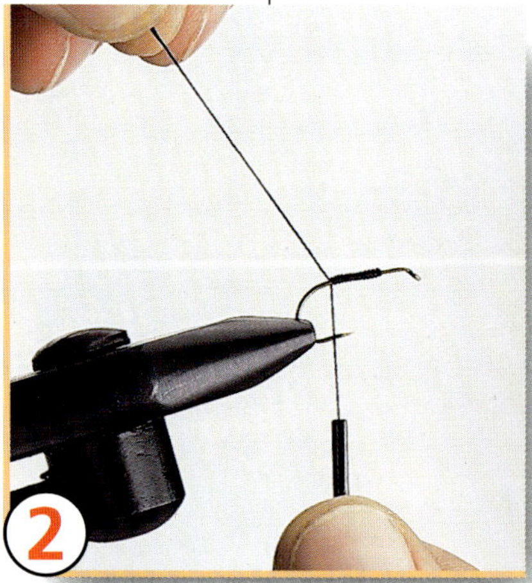

LE TRUC du professionnel

Plastifier un corps de mouche en soie de montage

Pour donner un aspect brillant à votre mouche et éviter qu'elle ne prenne l'eau, vous pouvez plastifier les corps en soie de montage. Pour cela, après avoir formé le corps en soie, étalez une bonne couche de vernis plastifiant de manière régulière et sans excès, une seule couche suffit. Laissez sécher totalement avant de tourner la collerette. Si vous faites plusieurs mouches de même modèle, faites tous les corps afin de les plastifier à la suite.

- Retournez à la limite avant du corps.

- Pour terminer le corps conique, allez à la courbure avec la soie. Vous obtiendrez ainsi un corps parfaitement conique à condition de ne pas utiliser une soie trop grosse.

Corps lisse en polydub

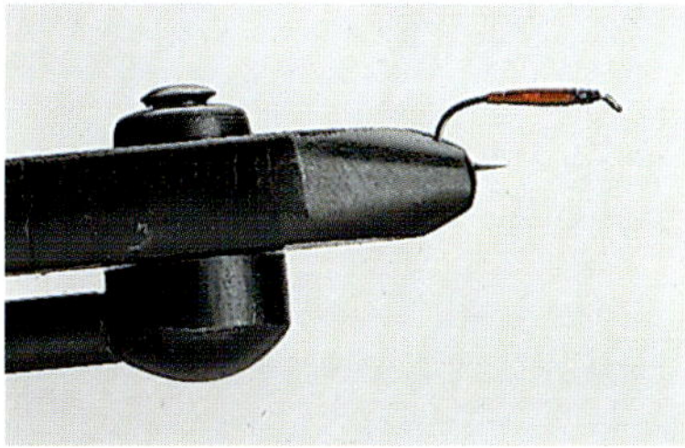

Les matériaux type polydub, vitafloss, etc., sont des fils multibrins tournés sur eux-mêmes, ce qui leur donne une section ronde. Quand vous formez un corps avec, il n'est pas parfaitement lisse et régulier.
Pour remédier à ce problème, après l'avoir fixé à l'hameçon, tournez-le dans le sens inverse pour que les fibres soient parallèles et non vrillées. Lorsque vous tournerez ce matériau ainsi modifié, votre corps de mouche sera parfaitement lisse.

Corps en dubbing

Il existe de très nombreux dubbings, de textures et de densités différentes. Il convient donc d'utiliser des dubbings flottants pour les sèches et des dubbings de forte densité pour les noyées et les nymphes.

- Sortez une longueur de soie du porte-bobine. Doublez la soie en mettant l'index à la moitié de la longueur et enroulez la soie qui sort du porte-bobine sur les enroulements précédents pour former une boucle.
- Une fois cette boucle fixée, vous pouvez repartir vers l'œillet avec la soie de montage et la laisser en attente.

- Dans la boucle ainsi formée, positionnez le twister à dubbing.

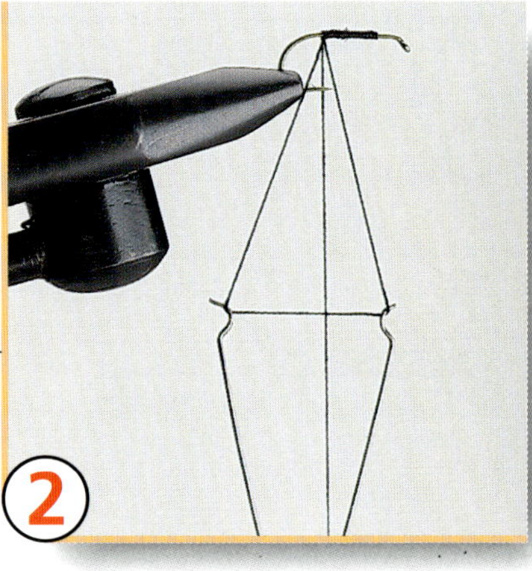

- Poissez les deux fils formant la boucle.

- Prenez une petite pincée de dubbing. N'en mettez pas trop à la fois, mieux vaut en rajouter que d'en avoir trop.

● Répartissez le dubbing le long d'un des deux fils de la boucle. Si vous voulez un corps cylindrique, répartissez le dubbing d'une manière uniforme le long du fil. Si vous désirez faire un corps conique, le dubbing devra être plus épais en bas de la boucle qu'en haut.

● Tournez le twister à dubbing entre le pouce et l'index pour former la mèche.
Plus vous tournerez, plus votre mèche de dubbing sera fine et compacte.
Il ne vous reste plus qu'à enrouler le dubbing en remontant vers l'œillet, à l'aide de la pince à hackle.

● Quand vous n'avez que très peu de dubbing à mettre sur une imitation, vous pouvez enrouler le dubbing en faisant une mèche directement sur la soie. Poissez cette dernière, répartissez un peu de dubbing sur la longueur de soie voulue et vrillez entre le pouce et l'index pour faire un fuseau.

Corps en poils de cervidés

Ce sont de véritables bouchons de liège qui conviennent donc bien aux eaux agitées. Pour le montage, n'hésitez pas à utiliser un fil de fort diamètre, ou du fil Kevlar pour les plus gros modèles.

1

• Fixez la soie à la courbure de l'hameçon et consolidez par une goutte de colle rapide. Sur un morceau de peau de chevreuil, prélevez une pincée de poils en les coupant à l'aide de ciseaux. Présentez-la à la courbure, parallèlement à la tige de l'hameçon, et positionnez-la par 2 tours de soie en serrant moyennement.

2

• Serrez et continuez les enroulements en passant à travers les poils pour les redresser verticalement.

3

• Faites de même avec une autre pincée que vous fixerez devant la première touffe et tassez avec une brassie.

● Par étapes successives, fixez d'autres pincées de poils de cervidés de manière à couvrir les 2/3 ou la totalité de la tige de l'hameçon suivant le résultat désiré.

● À l'aide de clippers ou de ciseaux (ceux à micro-denture sont les mieux adaptés), taillez la boule de poils ainsi obtenue.

● Plus vous taillerez court, plus votre corps sera compact.

LE TRUC du professionnel

Pose sur tige nue

Pour former un corps en poils de cervidés, il est important que la tige de l'hameçon soit nue pour que, lors de l'enroulement de la soie à travers les poils, ceux-ci se répartissent uniformément autour de la hampe de l'hameçon.

Goutte de colle à chaque touffe

Les montages en poils de cervidés sont surtout destinés à la fabrication des corps de poppers et de leurres à carnassier, par conséquent leur solidité doit être irréprochable. Pour ce faire, déposez une goutte de colle rapide type « super glue » après la pose de chaque touffe de poils.

Une brassie avec un tube de stylo

Il existe un outil pour tasser les touffes de poils de cervidés sur l'hameçon, cela s'appelle une brassie. Elle est encore peu répandue dans le commerce, et il n'est pas toujours aisé de s'en procurer une. Un stylo à bille débarrassé de sa recharge peut la remplacer aisément.

Corps en fuseau de cul-de-canard

À l'instar des ailes montées avec ce même matériau, les corps des imitations vibrent et semblent « vivants ». De plus ils flottent bas, mais de manière remarquable.

1

• Enroulez la soie pour l'amener à la courbure et fixez une plume de cul-de-canard par la pointe, orientée vers l'arrière. Ramenez la soie aux 2/3 avant de l'hameçon.

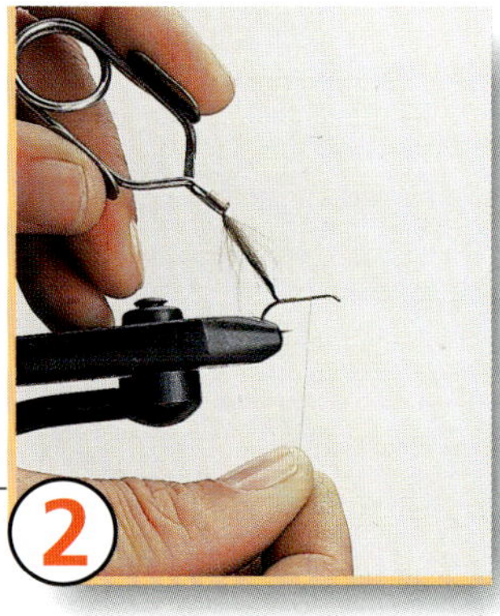

2

• Fixez le pied de la plume dans une pince à hackle et vrillez-la pour former un fuseau.

3

• Enroulez le fuseau ainsi obtenu autour de la tige de l'hameçon pour former le corps.

4

• Taillez les fibres qui dépassent afin d'obtenir un corps régulier et parfaitement fini. Grâce à la grande mobilité des matériaux qui le composent, ce type de corps reproduit à merveille la vie. Il s'utilise surmonté d'un toupet en cul-de-canard ou complété par un thorax ; en période d'éclosion, il imite une larve arrivant à la surface.

Les thorax

Ils entrent surtout dans la fabrication des nymphes, mais sont également présents sur la plupart des modèles d'émergentes et, plus rarement, sur des mouches noyées ou sèches classiques.

1

● À la suite du corps, fixez une pincée de fibres de plume longue orientée vers l'arrière. Faites une mèche de dubbing à l'aide du twister à dubbing et laissez-la en attente.

2

● Amenez la soie derrière l'œillet pour la laisser en attente. Si vous réalisez une nymphe, comme ici, lestez-la par quelques tours de fil de plomb et consolidez par une goutte de colle rapide. Si vous montez une émergente (sèche), le lestage n'est pas nécessaire.

3

● Formez le thorax en tournant la mèche de dubbing et bloquez avec la soie. Rabattez les fibres de plume en avant et bloquez-les au niveau de la tête pour constituer la boîte à ailes.
● Coupez le surplus de matériaux et formez la tête.

LE TRUC du professionnel

Comment enrouler le fil de plomb

N'enroulez jamais de fil de plomb sur un hameçon nu, mais faites toujours une sous-couche de soie. Ainsi il restera à l'endroit où vous l'aurez positionné.

LE TRUC du professionnel

Le poids des nymphes

Le principal pour réussir une bonne pêche en nymphe n'est pas d'avoir des centaines de modèles différents dans sa boîte, mais d'en posséder quelques-uns, dont la réputation n'est plus à faire, déclinés en plusieurs poids de lestage pour exploiter les différentes couches d'eau. Cependant, en action de pêche, il n'est pas aisé de faire la différence entre deux nymphes de poids légèrement différent. Pour remédier à ce problème, il suffit, au montage, de faire la tête de couleur différente suivant le nombre de tours de fil de plomb qui constitueront le lestage.

Corps en herl

D'aspect très réaliste, ce type de corps est cependant assez fragile en action de pêche. Pour remédier à ce problème, il convient de vernir la sous-couche de soie afin de coller le herl au corps de la mouche.

● Sur une grande plume de queue de paon ou d'autruche, prélevez quelques herls et fixez-les à la courbure de l'hameçon avec la soie de montage par leur pointe.

● À l'aide d'une pince à hackle (les pinces à crochet équipées d'un ressort sont les mieux adaptées) saisissez le pied des herls et enroulez-les afin de former le corps.

● Le résultat montre un corps hérissé, très attractif.

LE TRUC du professionnel

Enrouler un herl (sur boucle de soie)

Beaucoup de monteurs éprouvent des difficultés à enrouler un herl de paon ou d'autruche sans le casser. Pour remédier à ce problème, travaillez-le comme un dubbing. Après l'avoir fixé à l'endroit voulu, faites une boucle avec la soie de montage, passez-la dans un twister à dubbing en plaquant les herls contre un des fils, et vrillez le tout comme pour faire une mèche de dubbing.

Enrouler un herl de condor (par la pointe)

Pour avoir un corps conique quand vous utilisez un herl de condor ou de grande plume longue, fixez-le par la pointe (partie la plus fine).

Corps en quill de paon

C'est certainement le matériau le plus réaliste pour la confection des corps de mouches. Certaines difficultés à le travailler en rebutent plus d'un, mais avec un peu d'habitude et quelques astuces, cela devient un jeu d'enfant.

● Après avoir formé un corps conique avec la soie de montage, fixez un quill de paon ébarbé (voir Le truc du professionnel) par la pointe au niveau de la courbure. Le côté brillant du quill doit être orienté vers le haut.

● Passez une couche de colle rapide ou de vernis sur le corps en soie de montage et, avant séchage, enroulez le quill en spires jointives.

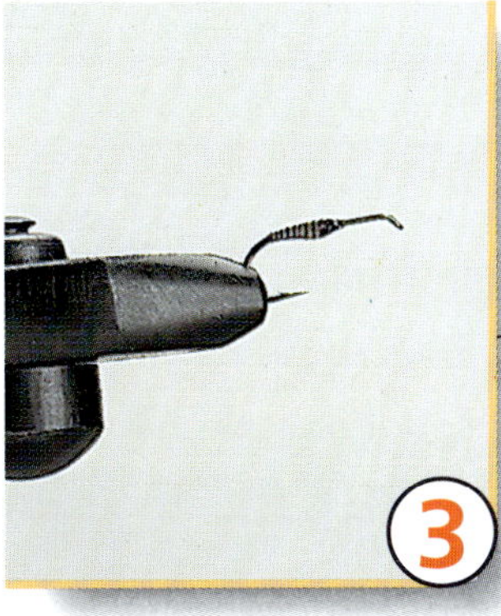

● Bloquez et coupez le surplus de quill et passez plusieurs couches de vernis pour le rendre brillant.

LE TRUC du professionnel

Vernir un quill

Pour donner un aspect parfaitement brillant à un corps en quill de paon sans avoir à mettre de nombreuses couches de vernis, passez une couche de colle rapide type « super glue ». Vous n'aurez plus, après, qu'à passer une seule couche de vernis pour obtenir la brillance voulue.

Mouiller un quill

Les quills de paon ont une fâcheuse tendance à casser quand on les tourne pour habiller un corps. Pour éviter cet inconvénient, il suffit de les humidifier entre deux éponges pour les rendre plus souples.

Ébarber un quill

Pour obtenir un quill de paon ébarbé sans s'arracher les cheveux, prenez une gomme et passez-la sur le herl de haut en bas. Après plusieurs passages, il sera débarrassé des barbules et prêt à l'emploi.

Formule de montage

Type : sèche.
Poissons : truites et ombres.
Hameçon : n° 20 à n° 14, tige courte.
Cerques : fibres de pelle de coq gris.
Corps : polydub rouge*, cerclé de noir.
Ailes : toupet de cul-de-canard kaki.
Tête : soie de montage.
Soie de montage : noire.

* Le corps peut être fait avec du polydub noir, jaune, vert olive ou marron.

Cul-de-canard (corps cerclé)

Utilisée par un grand nombre de pêcheurs, c'est une des imitations qui a révolutionné la pêche à la mouche ces dix dernières années. Montée en plusieurs tailles et en différentes couleurs, elle imite la plupart des insectes aquatiques.

Fiche de montage

Fixez la soie derrière l'œillet et emprisonnez une plume de cul-de-canard pointe orientée vers l'avant (voir page 104). Amenez la soie à la courbure et fixez les cerques en fibres de hackle gris, puis le polydub. Laissez la soie en attente, faites un corps conique avec le polydub en finissant derrière la plume de cul-de-canard. Cerclez le corps avec la soie de montage (voir page 45) et bloquez ainsi le polydub que vous couperez après cette opération. Entre le pouce et l'index, rabattez les fibres de cul-de-canard en arrière et formez la tête en soie de montage en débordant sur le toupet pour le maintenir en arrière. Faites le nœud final et déposez une goutte de vernis.

Formule de montage

Type : nymphe.
Poissons : truites.
Hameçon : n° 12 à n° 10, tige longue.
Cerques : fibres courtes de hackle miel.
Corps : polydub jaune pâle, cerclé de soie noire.
Thorax : dubbing de vison et fibres pointillées de canard.
Lestage : fil de plomb.
Tête : soie de montage.
Soie de montage : jaune pâle.

Nymphe de mouche de mai

Cette imitation, facile à réaliser, est une nymphe indispensable pour tirer son épingle du jeu en période de mouche de mai, quand les truites ne sont pas actives en surface.

Fiche de montage

Commencez le montage derrière l'œillet et enroulez la soie puis le polydub jusqu'à la courbure. À cet endroit, fixez les cerques, le brin de soie noire, puis le polydub, et amenez la soie aux 2/3 de l'hameçon. Faites un corps conique avec le polydub (voir pages 48-49) et cerclez-le avec la soie noire. À la suite du corps, fixez les fibres de canard par leur pointe, lestez votre nymphe par quelques tours de plomb à l'endroit prévu pour le thorax et faites une mèche de dubbing à l'aide du twister à dubbing (voir page 50). Ne le vrillez pas trop et, avec, faites le thorax. Ébouriffez-le avec une aiguille pour donner plus de volume et rabattez les fibres de canard en avant. Bloquez, formez la tête, le nœud final et vernissez.

Grise à corps jaune

C'est « la » mouche du pêcheur de truite. Présente dans la plupart des boîtes à mouches dignes de ce nom, elle imite nombre d'insectes présents sur l'eau en toute saison. Rendue célèbre par son créateur Aimé Devaux, qui, sous la référence A4, en a fait une des mouches les plus vendues.

Fiche de montage

Commencez le montage en fixant la soie 2 mm derrière l'œillet et enroulez-la jusqu'à la courbure. Fixez les cerques et, avec la soie de montage, formez un corps conique (voir pages 48-49) en ménageant un espace libre derrière l'œillet pour faire la collerette. Vernissez ou plastifiez le corps et emprisonnez un hackle gris derrière celui-ci. Tournez la collerette (voir pages 71-72) (6 tours), puis bloquez les enroulements avec la soie de montage. Par quelques tours de soie, formez la tête. Faites un nœud d'arrêt et consolidez par une goutte de vernis.

Formule de montage

TYPE : sèche.
POISSONS : truites et ombres.
HAMEÇON : n° 18 à n° 12, tige normale.
CERQUES : fibres de hackle roux.
CORPS : soie de montage, verni ou plastifié.
COLLERETTE : hackle de coq limousin gris cendré.
TÊTE : soie de montage.
SOIE DE MONTAGE : jaune paille ou jaune d'or.

Nymphe de fond

Cette nymphe très dense est particulièrement recommandée pour la pêche de fond des grandes rivières. Elle est simple à monter et peut se décliner dans une grande variété de couleurs.

Fiche de montage

Enfilez la bille dorée sur l'hameçon et positionnez-la derrière l'œillet. Placez l'hameçon dans les mors de l'étau et fixez la soie derrière la bille. Allez à la courbure, fixez-y les cerques, ainsi que le brin de tinsel. Avec la soie de montage, formez un corps conique assez volumineux (voir pages 48-49) jusqu'à la bille. À chaque épaisseur de soie, enduisez de vernis ou de colle contact pour augmenter la densité. Une fois cette opération terminée, cerclez le corps avec le tinsel, faites le nœud d'arrêt et vernissez l'ensemble de la nymphe.

Formule de montage

TYPE : nymphe.
POISSONS : truites et ombres.
HAMEÇON : n° 16 à n° 14, tige longue.
CERQUES : fibres de hackle gris.
CORPS : soie de montage, cerclé d'un tinsel or.
TÊTE : bille dorée n° 2.
SOIE DE MONTAGE : au choix, marron, jaune pâle, vert olive, noire, orange.

Formule de montage

TYPE : sèche.
POISSONS : truites et ombres.
HAMEÇON : n° 14 à n° 12, tige normale.
CERQUES : fibres de hackle blanc.
CORPS : herl de héron.
COLLERETTE : hackle de coq gris-bleu foncé.
TÊTE : soie de montage.
SOIE DE MONTAGE : marron.

Iron blue dun

Depuis sa création au XVIIe siècle, elle a connu de nombreuses variantes, mais ce modèle simple est un des plus courants. À utiliser tout au long de la saison de pêche.

Fiche de montage

Enroulez la soie jusqu'à la courbure et fixez les cerques ainsi que les herls de héron. Formez le corps avec ces herls (voir page 47) en laissant un espace libre de 3 mm derrière l'œillet pour la collerette. À la suite du corps, emprisonnez le hackle gris et tournez-le (voir pages 71-72) jusqu'à l'œillet. Bloquez, faites la tête, le nœud d'arrêt et déposez une goutte de vernis.

Formule de montage

TYPE : streamer.
POISSONS : truites.
HAMEÇON : n° 10 à n° 6, tige extra-longue.
QUEUE : marabout noir.
CORPS : fibres de plume de marabout noir cerclé d'un hackle noir.
TÊTE : soie de montage.
SOIE DE MONTAGE : noire*.

* Ce streamer peut être monté en blanc, vert olive, marron, rouge ou orange. Pour ces couleurs, utilisez un hackle chinchilla gris.

Streamer marabout

Ce streamer peut s'utiliser aussi bien en rivière qu'en réservoir. Il est prenant tout au long de la saison.

Fiche de montage

Fixez la soie de montage derrière l'œillet et allez à la courbure. Là, emprisonnez la pointe d'une plume de marabout en orientant les pointes des fibres vers l'arrière (elles doivent dépasser de la courbure d'une longueur d'hameçon). Coupez le surplus de plume à l'avant de la fixation. Prélevez une bonne pincée de fibres sur une plume de marabout et fixez-les également à la courbure par la pointe, ainsi qu'un grand hackle noir. Coincez la base des fibres dans une pince à hackle et vrillez-les. Ramenez la soie à quelques millimètres de l'œillet et formez le corps avec le fuseau de fibres de marabout (voir page 47). Cerclez-le en spires espacées avec le hackle noir et bloquez le tout avec la soie de montage. Coupez l'excédent de matériaux et faites la tête en soie de montage. Effectuez le nœud d'arrêt et vernissez la tête.

Grenadier

Grâce à ses divers matériaux, cette mouche produit des vibrations attractives et se place en intermédiaire sur un train de trois mouches.

Fiche de montage

À la courbure, fixez le tinsel doré et, avec le twister à dubbing, faites une mèche de dubbing avec du poil de phoque (voir page 50). Amenez la soie derrière l'œillet et formez le corps en dubbing (voir page 50) jusqu'à cette dernière. Cerclez-le avec le tinsel (voir page 45), bloquez le tout et coupez le surplus. À la suite, fixez le hackle et tournez-le sur place (voir pages 71-72) (3 tours), bloquez et coupez le surplus de hackle. Formez la tête, le nœud final et vernissez.

Formule de montage

Type : noyée.
Poissons : truites et ombres.
Hameçon : n° 12 à n° 8, fort de fer.
Corps : dubbing de phoque orange, cerclé d'un tinsel ovale doré.
Collerette : hackle badger.
Tête : soie de montage.
Soie de montage : noire.

Nymphe dubbing

Cette nymphe d'ensemble imite un grand nombre de larves d'éphémères et peut être utilisée tout au long de la saison de pêche.

Fiche de montage

Fixez la soie derrière l'œillet et enroulez-la jusqu'à la courbure. À cet endroit, fixez les cerques et faites une mèche de dubbing vert olive à l'aide du twister à dubbing (voir page 50). Amenez la soie aux 2/3 avant de l'hameçon et formez le corps avec le dubbing jusqu'à cet endroit. À la suite, emprisonnez une bonne pincée de fibres de colvert orientée vers l'arrière et faites une mèche de dubbing marron. Enroulez la soie jusqu'à l'œillet, lestez la nymphe par quelques tours de fil de plomb à l'emplacement prévu pour le thorax. Formez ce dernier avec la mèche de dubbing marron et rabattez les fibres de canard en avant. Bloquez le tout derrière l'œillet, faites la tête, le nœud final, et déposez une goutte de vernis.

Formule de montage

Type : nymphe.
Poissons : truites et ombres.
Hameçon : n° 16 à n° 12, tige longue.
Cerques : fibres mouchetées de plume de canard colvert.
Corps : dubbing vert olive.
Thorax : dubbing marron et plume marron de colvert.
Lestage : fil de plomb.
Tête : soie de montage.
Soie de montage : marron.

Formule de montage

Type : sèche réservoir.
Poissons : truites.
Hameçon : n° 14 à n° 10, tige longue.
Corps : poils de cheveruil teints en jaune.
Collerette : hackle roux.
Ailes : Z lon.
Tête : soie de montage.
Soie de montage : orange fluo.

Mini bomber

Cette mouche sèche, plutôt fantaisiste, s'adresse surtout aux truites de réservoir. Son corps en poils de chevreuil lui permet une excellente flottaison, ce qui est fort pratique en eaux closes.

Fiche de montage

Fixez la soie à la courbure ainsi que le hackle. Emprisonnez une petite touffe de poils de cerf, passez au travers en serrant pour les redresser (voir pages 52-53) et procédez ainsi jusqu'à l'œillet. Tassez bien entre chaque touffe en repoussant les poils en arrière avec une brassie. À l'aide de ciseaux, taillez afin d'obtenir une forme ovale pas trop ventrue. Tournez le hackle sur toute la longueur en spires espacées (voir pages 71-72). Bloquez et coupez. Emprisonnez une petite mèche de Z lon orientée vers l'arrière et faites la tête, le nœud final et vernissez.

Formule de montage

Type : sèche.
Poissons : truites.
Hameçon : n° 16 à n° 10, tige longue.
Aile : poils de chevreuil taillés.
Collerette : hackle roux.
Tête : soie de montage.
Soie de montage : marron.

Sedge en chevreuil taillé

Cette mouche remporte un vif succès dans les rivières agitées, mais c'est en réservoir avec un léger vent qu'elle est la plus efficace, où elle gagne à être draguée par petites tirées.

Fiche de montage

Fixez la soie à la courbure, emprisonnez une touffe de poils de chevreuil et passez à travers avec la soie pour redresser les poils (voir pages 52-53). Renouvelez l'opération jusqu'à garnir la tige de l'hameçon. Faites un nœud d'arrêt, enlevez la mouche de l'étau et taillez les poils pour donner à l'aile une forme de cône qui va en s'affinant vers l'œillet. Remettez la mouche à l'étau et fixez le hackle. Tournez-le sur 4 ou 5 tours (voir pages 71-72), bloquez et coupez le surplus. Faites la tête, le nœud final, et consolidez par une goutte de vernis.

Nymphe cul-de-canard

Grâce à la grande mobilité des matériaux qui le compose, ce modèle reproduit à merveille la vie. Cette nymphe s'utilise en période d'éclosion et imite une larve arrivant à la surface.

Fiche de montage

Enroulez la soie jusqu'à la courbure de l'hameçon et fixez les cerques ainsi que le fil de cuivre. Choisissez une plume de cul-de-canard de taille moyenne et emprisonnez la pointe à la courbure en l'orientant vers l'arrière. Amenez la soie aux 2/3 avant de la tige, vrillez la plume et, avec, formez le corps jusqu'à la soie (voir page 54). Bloquez avec la soie de montage de manière à ce que le surplus de plume soit au-dessus de la tige et ne le coupez pas. Cerclez avec le fil de cuivre et, arrivé au niveau de l'emplacement du thorax, enroulez-le jusqu'à l'œillet en spires jointives. À la suite du corps, faites une mèche de dubbing et formez le thorax avec cette dernière (voir page 55). Rabattez le reste de cul-de-canard en avant et bloquez le tout derrière l'œillet. Faites la tête, le nœud d'arrêt, et déposez une goutte de vernis.

Formule de montage

Type : nymphe de surface.
Poissons : truites et ombres.
Hameçon : n° 16 à n° 14, tige longue.
Cerques : fibres de hackle roux.
Corps : plume de cul-de-canard ocre, cerclé d'un fil de cuivre.
Thorax : dubbing gris clair.
Boîte à ailes : cul-de-canard ocre.
Lestage : fil de cuivre.
Tête : soie de montage.
Soie de montage : noire.

Palmer cul-de-canard

Grâce à sa flottaison basse, cette imitation d'ensemble fait merveille sur les poissons difficiles en rivière calme, surtout à la belle saison.

Fiche de montage

À la courbure, fixez les cerques, le hackle gris et une plume de cul-de-canard de petite taille. Amenez la soie derrière l'œillet. Coincez le pied de la plume de cul-de-canard dans une pince à hackle, vrillez-la et, avec ce fuseau, formez le corps sur toute la longueur de l'hameçon (voir page 54). Tournez le hackle jusqu'à l'œillet (voir pages 71-72) en spires espacées (comme pour cercler). Bloquez le tout avec la soie de montage, poissez-la, faites adhérer très peu de dubbing et, avec, formez la tête, faites le nœud d'arrêt et déposez une goutte de vernis. Pour faire un palmer ou une collerette encore plus légère, vous pouvez ébarber tout un côté du hackle, ce qui distribuera deux fois moins de fibres.

Formule de montage

Type : sèche.
Poissons : truites et ombres.
Hameçon : n° 18 à n° 14, tige longue.
Cerques : quelques fibres de hackle gris.
Corps : cul-de-canard gris foncé.
Collerette : hackle gris, tourné en spires espacées.
Tête : dubbing noir.
Soie de montage : noire.

Formule de montage

TYPE : nymphe.
POISSONS : truites et ombres.
HAMEÇON : n° 14 à n° 12, tige longue.
CERQUES : fibres de hackle jaune.
CORPS : dubbing jaune, cerclé d'un tinsel or.
THORAX : dubbing beige.
BOÎTE À AILES : fibres de cul-de-canard jaune.
LESTAGE : fil de plomb.
TÊTE : soie de montage.
SOIE DE MONTAGE : jaune pâle.

Nymphe de sulfure

L'*Heptagenia sulfurea*, représentée par cette imitation, est très courante sur certaines rivières comme la Dordogne et, en période d'éclosion, les truites s'en nourrissent presque exclusivement.

Fiche de montage

Enroulez la soie jusqu'à la courbure et fixez les cerques, ainsi que le tinsel or. Toujours à la courbure, faites une mèche de dubbing jaune (voir page 50) et amenez la soie aux 2/3 de la tige de l'hameçon. Avec la mèche de dubbing, formez le corps jusqu'à la soie et cerclez-le avec le tinsel. Bloquez le tout, coupez le surplus et fixez par la pointe une petite plume de cul-de-canard jaune. Faites une mèche de dubbing beige, lestez votre nymphe par 2 ou 3 tours de fil de plomb à l'emplacement laissé libre pour le thorax et amenez la soie derrière l'œillet. Formez le thorax (voir page 55) avec la mèche de dubbing beige, rabattez la plume de cul-de-canard en avant et bloquez le tout derrière l'œillet. Faites la tête, le nœud final, et consolidez par une goutte de vernis.

Formule de montage

TYPE : sèche.
POISSONS : truites.
HAMEÇON : n° 16 à n° 14, tige longue.
CERQUES : fibres de hackle gris foncé.
CORPS : cul-de-canard vert olive, cerclé de soie vert pâle.
THORAX : dubbing marron et plume de cul-de-canard grise.
AILES : fibres de cul-de-canard gris foncé.
TÊTE : soie de montage.
SOIE DE MONTAGE : vert olive.

Ephemerella

Ce petit éphémère est très courant sur les rivières françaises. Il donne lieu à des éclosions massives qui font sortir les poissons de leur retraite. Il se reconnaît facilement grâce à ses ailes gris foncé.

Fiche de montage

Allez à la courbure, fixez les cerques, le brin de soie vert et une petite plume de cul-de-canard par la pointe. Amenez la soie aux 2/3 de la tige de l'hameçon, vrillez la plume de cul-de-canard et faites le corps jusqu'à la soie (voir page 54). Cerclez avec le brin de soie verte, bloquez le tout avec la soie de montage. À la suite, emprisonnez une petite plume de cul-de-canard grise par la pointe en l'orientant vers l'arrière et faites une mèche de dubbing marron que vous laisserez en attente. Au milieu du tiers avant de la mouche, fixez une bonne pincée de fibres de cul-de-canard orientée vers l'avant, redressez-les et séparez-les en deux par des enroulements en 8 (voir page 89). Mettez la soie en attente derrière l'œillet, formez le thorax avec la mèche de dubbing jusqu'à l'œillet. Rabattez enfin la petite plume de cul-de-canard (voir page 50) en avant de manière à ce qu'elle passe entre les ailes. Bloquez le tout derrière l'œillet, faites la tête, le nœud d'arrêt, et déposez une goutte de vernis.

Red tag

Mouche fantaisie très prenante pour l'ombre commun mais également d'une grande efficacité pour la truite. Cette mouche originaire du nord de l'Angleterre a été mise au point par Martyn Flynn au milieu du siècle dernier.

Fiche de montage

Commencez le montage en fixant la soie derrière l'œillet et enroulez-la jusqu'à la courbure. À cet endroit, fixez un brin de laine rouge pour former la queue. Emprisonnez également trois herls de paon et ramenez la soie à 1 mm de l'œillet. Enroulez les herls de paon pour former le corps (voir page 57) et arrêtez-les avec la soie de montage. Fixez un ou deux hackles de coq roux suivant l'épaisseur de collerette que vous désirez obtenir. Tournez-les (voir page 75) et arrêtez-les derrière l'œillet. Formez la tête, faites un nœud d'arrêt, et vernissez-la.

Formule de montage

Type : sèche.
Poissons : truites et ombres.
Hameçon : n° 20 à n° 12, tige normale.
Cerques : tag en brin de laine rouge.
Corps : herls de paon, sur une sous-couche de soie de montage.
Collerette : hackles de coq roux.
Tête : soie de montage.
Soie de montage : noire.

Black stream

Ce streamer noir est particulièrement prenant en réservoir en début de saison et en début d'hiver.

Fiche de montage

Après avoir fixé la soie derrière l'œillet, enroulez-la jusqu'à la courbure. Fixez la pointe d'une plume de marabout pour former la queue (elle doit avoir la même longueur que l'hameçon). Emprisonnez également à cet endroit le hackle noir et quelques herls de paon, et amenez la soie à 2 mm derrière l'œillet. Formez le corps avec les herls (voir page 56) et cerclez-le avec le hackle noir en spires espacées. Bloquez le tout avec la soie de montage et, derrière l'œillet, emprisonnez une autre pointe de plume de marabout orientée en arrière. Coupez le surplus, faites la tête, le nœud d'arrêt, et consolidez avec un peu de vernis.

Formule de montage

Type : streamer réservoir.
Poissons : truites.
Hameçon : n° 10 à n° 6, tige extra-longue.
Queue : marabout noir.
Corps : herls de paon, cerclé d'un hackle noir.
Aile : marabout noir.
Tête : soie de montage.
Soie de montage : noire.

Quill and gold

Formule de montage

Type : nymphe de pleine eau.
Poissons : truites et ombres.
Hameçon : n° 20 à n° 14, tige longue.
Cerques : fibres de pelle de pardo.
Corps : quill de paon teinté en rouge.
Thorax : soie de montage vernie.
Boîte à ailes : peinture dorée (peinture céramique).
Lestage : fil de plomb.
Tête : soie de montage.
Soie de montage : noire.

La forme et la densité de cette nymphe lui permettent de couler rapidement. Elle est particulièrement appréciée des ombres, surtout en pêche à vue.

Fiche de montage

À la courbure, fixez les cerques en V, ainsi que le quill de paon teinté en rouge par la pointe. Avec la soie de montage, formez un corps conique (voir pages 48-49) sur les 2/3 arrière de l'hameçon. Tournez le quill en spires parfaitement jointives (voir page 57). Lestez votre nymphe par 5 tours de fin fil de plomb au niveau du thorax, déposez une goutte de colle rapide et formez le thorax en soie de montage. Faites la boîte à ailes avec une goutte de peinture céramique déposée à l'aide d'un pinceau ou d'une allumette taillée en pointe. Faites le nœud d'arrêt et vernissez le tout en passant deux à trois couches.

Dark and quill

Formule de montage

Type : sèche.
Poissons : truites et ombres.
Hameçon : n° 18 à n° 14, tige normale.
Cerques : fibres de pelle de coq pardo.
Corps : quill de paon naturel.
Collerette : hackle gris foncé.
Tête : soie de montage.
Soie de montage : marron foncé.

Mouche d'ensemble qui imite plus particulièrement les mouches de la famille des olives foncées. On les rencontre sur la plupart des cours d'eau tout au long de la saison.

Fiche de montage

À la courbure, fixez les cerques ainsi que le quill de paon par la pointe, côté brillant dessus. Avec la soie de montage, formez un corps fin et conique sur les 2/3 arrière de l'hameçon (voir pages 48-49). Enroulez le quill en spires parfaitement jointives et bloquez-le avec la soie. Vernissez le corps. Après séchage complet, emprisonnez le hackle et tournez-le sur le tiers restant (voir pages 71-72). Arrêtez-le et coupez l'excédent. Formez la tête, faites le nœud d'arrêt, et déposez une goutte de vernis.

Streamer classique

Ce streamer est un des modèles de base de la panoplie du pêcheur en réservoir. Il est particulièrement prenant en hiver et peut être utilisé avec succès en rivière par eaux fortes.

Fiche de montage

Fixez la soie de montage derrière l'œillet et enroulez-la jusqu'à la courbure. Là, emprisonnez la pointe d'une plume de marabout pour figurer la queue. Fixez également un brin de chenille noire. Ramenez la soie de montage derrière l'œillet et par une série d'enroulements en 8 (voir page 89). Fixez les yeux en chaînette de lavabo. Formez le corps avec la chenille en l'enroulant en spires jointives jusqu'aux yeux. Par une série d'enroulements, formez la tête et faites le nœud final. Consolidez par une goutte de vernis ou de colle.

Formule de montage

Type : streamer réservoir.
Poissons : truites.
Hameçon : n° 10 à n° 6, tige extra-longue.
Queue : marabout noir.
Corps : chenille noire.
Tête : soie de montage.
Yeux : chaînette de lavabo.
Soie de montage : noire.

Baby doll flash

Streamer très efficace à la belle saison ou en automne quand les truites chassent dans les bancs d'alevins.

Fiche de montage

Fixez la soie de montage derrière l'œillet et allez à la courbure ; fixez-y un brin de chenille orienté vers l'arrière. Ramenez la soie derrière l'œillet et laissez-la en attente. Au niveau du milieu du corps, enroulez le fil de plomb en faisant 4 à 7 tours suivant le lestage désiré. Faites le corps en chenille en ménageant un petit espace derrière l'œillet. À cet endroit, emprisonnez une dizaine de brins de Spectraflash orientés en arrière. Formez une tête volumineuse et effectuez le nœud d'arrêt. Vernissez entièrement la tête. Fixez la soie à la courbure, rabattez le Spectraflash et fixez-le par quelques tours de soie. Bloquez par quelques demi-clés et coupez le surplus de fibres de manière à ne laisser qu'1 cm.

Formule de montage

Type : streamer réservoir.
Poissons : truites.
Hameçon : n° 12 à n° 8, tige extra-longue.
Queue : Spectraflash perle.
Corps : chenille blanche.
Dos : Spectraflash perle.
Lestage : fil de plomb fin.
Tête : soie de montage.
Soie de montage : blanche.

Formule de montage

TYPE : streamer réservoir.
POISSONS : truites.
HAMEÇON : n° 10 à n° 6, tige extra-longue.
QUEUE : marabout blanc et Spectraflash perle.
CORPS : flash chenille blanche.
AILE : marabout blanc.
TÊTE : soie de montage.
SOIE DE MONTAGE : orange fluo.

Stream chenille flash

Les couleurs plutôt clinquantes de ce leurre excitent l'agressivité des truites boudeuses : il est particulièrement efficace à la belle saison le long des bordures.

Fiche de montage

Fixez la soie de montage au niveau de la courbure et emprisonnez une pointe de plume de marabout blanc pour faire la queue. Sa longueur doit être égale à celle de l'hameçon. Au même endroit, par quelques tours de soie, fixez également quelques brins de Spectraflash en les répartissant sur et autour de la queue. Coupez le surplus de plume à ras et emprisonnez un brin de flash chenille. Amenez la soie derrière l'œillet et laissez-la en attente. Formez le corps avec la chenille en rabattant les fibres brillantes en arrière à chaque enroulement. Faites l'aile en fixant une pointe de plume de marabout orientée en arrière. Bloquez, coupez le surplus et faites une tête volumineuse avec la soie. Effectuez le nœud final et vernissez la tête.

Formule de montage

TYPE : streamer réservoir.
POISSONS : truites.
HAMEÇON : n° 12 à n° 6, tige extra-longue.
QUEUE : marabout blanc.
CORPS : Mylar perle.
BAVETTE : marabout blanc.
TÊTE : chenille flash blanche.
YEUX : chaînette de lavabo.
SOIE DE MONTAGE : blanche.

Alevin

Les yeux en chaînette de lavabo donnent à ce leurre une nage saccadée imitant un poissonnet blessé.

Fiche de montage

À la courbure, emprisonnez une petite pointe de plume de marabout avec la soie de montage. Coupez un brin de Mylar de longueur légèrement supérieure à celle de l'hameçon, retirez l'âme en coton et détressez-en un tiers. Enfilez-le sur la tige de manière à ce que les brins effilochés dépassent de la courbure. Bloquez par quelques tours de soie et faites un nœud d'arrêt. Coupez la soie et consolidez par une goutte de colle. Fixez la soie derrière l'œillet et bloquez l'avant du brin de Mylar en laissant un espace libre pour former la tête. Emprisonnez une pointe de marabout sous l'imitation pour faire la bavette et emprisonnez la chenille. Au milieu de l'espace libre, fixez les yeux par des enroulements en 8 (voir page 89) et faites la tête en chenille de part et d'autre des yeux. Bloquez, coupez le reste et faites le nœud d'arrêt.

Mini booby

Ce leurre donne de très bons résultats en pêche à fond avec une soie plongeante.

Fiche de montage

Commencez le montage en fixant la soie derrière l'œillet, découpez un petit carré de bas Nylon et emprisonnez les deux billes de polystyrène à l'intérieur, comme dans une bourse. Fixez la base de cette bourse derrière l'œillet, coupez ce qui dépasse et faites des enroulements en 8 (voir page 89) pour séparer les deux billes. Allez à la courbure et emprisonnez une pointe de plume de marabout ainsi que quelques brins de Spectraflash pour faire la queue du streamer. Ligaturez également le brin de dubbing brush tinsel et, avec, formez le corps jusqu'aux yeux. Faites le nœud final et déposez une goutte de vernis.

Formule de montage

Type : streamer réservoir.
Poissons : truites.
Hameçon : n° 12 à n° 10, tige longue.
Queue : marabout noir et Spectraflash.
Corps : dubbing brush tinsel orange.
Tête : soie de montage.
Yeux : billes de polystyrène et petit carré de bas Nylon.
Soie de montage : noire.

Rabbit stream

Ce streamer très mobile, grâce à sa queue en lapin, est particulièrement efficace sur les truites fraîchement déversées.

Fiche de montage

Fixez la soie de montage derrière l'œillet et allez à la courbure. Fixez-y une lanière de lapin de deux fois la longueur de l'hameçon, ainsi qu'un brin de chenille. Ramenez la soie à 5 mm de l'œillet et laissez-la en attente. Formez le corps en chenille, bloquez avec la soie et coupez le surplus. Faites l'aile en fixant la pointe d'une plume de marabout sur le dessus du leurre, coupez l'excédent et emprisonnez un grand hackle orange. Tournez-le (voir pages 71-72) en ménageant un espace libre pour la tête. Bloquez, coupez et formez une tête volumineuse. Faites le nœud d'arrêt et vernissez.

Formule de montage

Type : streamer réservoir.
Poissons : truites.
Hameçon : n° 10 à n° 8, tige extra-longue.
Queue : lanière de peau de lapin orange.
Corps : chenille orange.
Aile : marabout orange.
Collerette : hackle orange.
Tête : soie de montage.
Soie de montage : orange fluo.

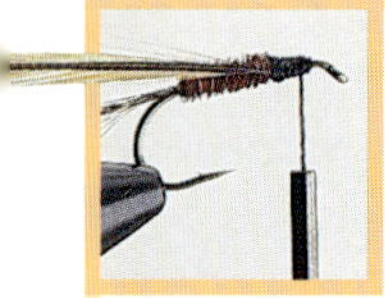

Réaliser des mouches à collerette

La collerette imite avec plus ou moins de réalisme les ailes, mais aussi les pattes. Elle assure à la mouche une flottaison assez haute, ce qui n'est pas toujours du goût des poissons. De nos jours, les montages à flottaison basse (No hackle, Cul-de-canard) occupent de plus en plus le devant de la scène. Pourtant les amateurs de collerettes sont encore nombreux et elles ont encore de beaux jours devant elles.

Tourner un hackle simple

C'est le montage de base des mouches à collerette. Il entre dans la composition de très nombreux modèles anciens et modernes.

● Sur un cou de coq, choisissez un hackle dont les fibres sont proportionnées à l'hameçon (la longueur des fibres du hackle doit être égale à la longueur de la tige de l'hameçon). Coupez le hackle pour supprimer la partie duveteuse. Ébarbez la base de la partie utile du hackle. Présentez-le à l'hameçon, la pointe doit être orientée vers l'arrière et la partie brillante et bombée du hackle est dirigée vers le haut.

● Ligaturez la partie ébarbée du hackle à l'endroit désiré de l'hameçon en lui donnant un angle d'environ 70° par rapport à l'axe de la tige de l'hameçon.

● Amenez la soie de montage derrière l'œillet et saisissez la pointe de la plume à l'aide d'une pince à hackle.

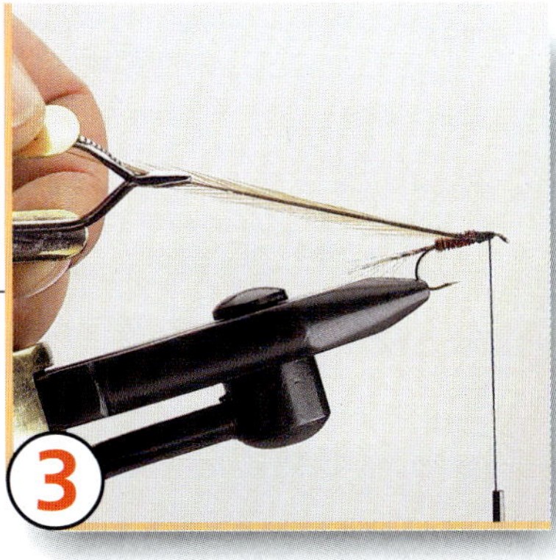

...

LE TRUC du professionnel

Ecraser le pied du hackle

Il n'est pas toujours facile de bien positionner un hackle lors de sa fixation sur l'hameçon ; il a tendance à tourner sur lui-même et les fibres seront mal distribuées quand vous le tournerez. Écrasez la partie emprisonnée sous la soie entre les ongles du pouce et de l'index pour former un petit plat. Ainsi la plume sera parfaitement dans le plan de l'hameçon.

Ébarber un hackle (vers le bas)

Quand vous ébarbez un hackle ou une plume ronde, faites-le en tirant toujours vers le bas. Vous éprouverez moins de difficultés.

Enrouler un hackle sur base cylindrique

Pour avoir une collerette parfaitement régulière, tournez le hackle sur une base cylindrique et non conique, comme il arrive souvent quand on fixe des ailes ou d'autres matériaux.

● Tournez le hackle dans le sens des aiguilles d'une montre en spires jointives. Si le hackle a parfaitement été positionné au départ (voir photos 1 et 2), les fibres distribuées autour de la tige seront droites. Si au cours de cette opération elles s'orientent vers l'avant, recommencez en positionnant correctement le hackle.

● Arrivé derrière l'œillet, arrêtez les enroulements en prenant le porte-bobine dans la main droite et la pince à hackle dans la main gauche. Faites quelques tours de soie entre la collerette ainsi formée et le surplus de hackle.

● Laissez pendre le porte-bobine et coupez le reste de hackle à ras des enroulements de soie, en maintenant la pince à hackle au-dessus de l'étau. Prenez garde au cours de cette opération de ne pas couper le fil (erreur courante chez le débutant).

Monter la Double Collerette

Voilà un modèle idéal pour vous exercer à tourner un hackle. Mouche corrézienne par excellence, elle fut créée par le Docteur Juge et a conquis le cœur de nombre de moucheurs. Elle est particulièrement recommandée pour les rivières au courant rapide et s'utilise en toute saison.

Formule de montage

Hameçon : n° 18 à n° 14, tige longue.
Corps : soie floche rouge*, verni.
Collerette : 2 hackles de coq limousin gris.
Tête : soie de montage.
Soie de montage : rouge.

*** Vous pouvez également faire le corps en soie floche, jaune ou vert olive.**

- À la courbure, fixez, dans l'ordre, les cerques et un hackle gris. Tournez-le en une collerette pas trop fournie et d'assise courte (4 tours), puis arrêtez-le à l'aide de la soie de montage.

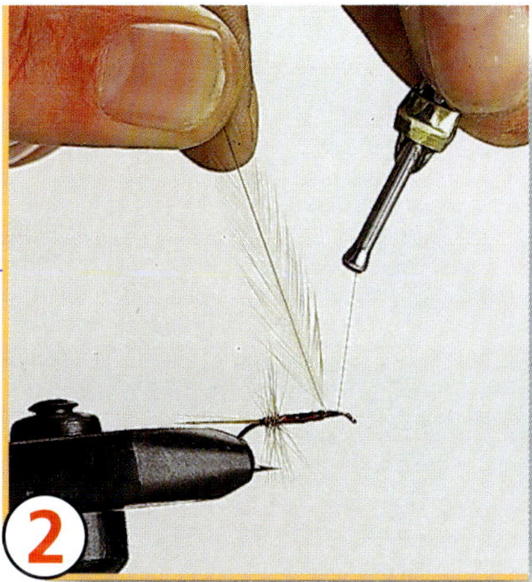

- Coupez l'excédent, et formez le corps par un aller et retour de soie floche que vous aurez préalablement fixée à 3 mm de l'œillet. Vernissez le corps ainsi formé par deux couches avec séchage complet entre les deux.
- Dans l'espace laissé libre derrière l'œillet, emprisonnez le deuxième hackle gris et tournez-le (4 tours). Arrêtez-le avec la soie de montage et formez une tête pas trop volumineuse.

- Faites le nœud d'arrêt et déposez une goutte de vernis.

Hackles séparés

L'avantage principal de cette collerette réside dans sa parfaite visibilité quelle que soit la luminosité. Il est cependant nécessaire que les deux hackles soient de couleur contrastée.

- À la suite du corps, positionnez le premier hackle, comme pour une collerette simple.

- Tournez-le sur la moitié de l'emplacement prévu pour la collerette et arrêtez-le avec la soie de montage.

- Coupez le surplus de hackle et fixez le deuxième de la même manière à l'endroit où vous aurez arrêté le premier.

- Tournez-le jusqu'à l'œillet, bloquez-le avec la soie et coupez le reste de plume à ras. Vous obtiendrez ainsi une collerette à deux couleurs distinctes.

Hackles mélangés

En mélangeant deux hackles de couleurs différentes on obtient une palette de tons et de nuances que l'on peut varier à l'infini.

● Préparez les deux hackles, fixez-les à la suite du corps (voir collerette simple) et amenez la soie derrière l'œillet.

● Tournez le premier hackle jusqu'à l'œillet et bloquez-le avec la soie de montage. Coupez le surplus de plume à ras des enroulements.

● Tournez le deuxième hackle en passant à travers les enroulements du premier. Derrière l'œillet, bloquez-le et coupez à ras. Ainsi vous obtenez une collerette plus fournie et avec deux nuances. Vous pouvez également former une collerette avec deux hackles de même couleur.

LE TRUC du professionnel

Enrouler un deuxième hackle (en zigzag)

Quand vous tournez une collerette avec deux hackles mélangés, enroulez la deuxième plume dans les enroulements de la première en faisant de petits zigzags pour ne pas coincer les fibres du premier hackle.

Tourner une collerette en cul-de-canard

Cette collerette peut également se réaliser avec une petite plume ronde.

- Préparez la plume en la passant entre le pouce et l'index (du haut vers le bas) pour que les fibres soient perpendiculaires au rachis. Avec une paire de ciseaux, coupez les fibres à la longueur désirée de manière à ce qu'elles soient toutes de la même taille. Fixez la plume par la pointe à la suite du corps en l'orientant vers l'arrière et coupez le surplus (bout de la pointe).

- Amenez la soie derrière l'œillet et coincez le pied de la plume dans une pince à hackle. Tournez-la jusqu'à l'œillet en rabattant les fibres en arrière à chaque tour pour éviter de les coincer par l'enroulement suivant.

LE TRUC du professionnel

Parer une plume du cul-de-canard (tailler)

Lors de la confection d'une collerette en plume de cul-de-canard, avant sa fixation sur l'hameçon, parer la plume en la passant à rebrousse-poil entre le pouce et l'index de manière à ce que les fibres soient perpendiculaires au rachis. Vous n'avez plus qu'à tailler les fibres pour qu'elles soient toutes à la même longueur et donc avoir une collerette régulière.

- Derrière l'œillet, bloquez les enroulements par quelques tours de soie et coupez le surplus à ras des enroulements de soie.

- Vous pouvez rectifier la longueur des fibres de la collerette par quelques coups de ciseaux.

Collerette en montage avancé

La collerette en forme d'entonnoir ouvert en avant permet de sécher la mouche au moindre faux lancer. Elle offre également une bonne stabilité sur l'eau.

● Fixez la soie derrière l'œillet et positionnez le premier hackle, la pointe dirigée vers l'œillet. Amenez la soie à la moitié de la tige de l'hameçon et tournez le hackle en allant vers la courbure. Arrêtez-vous à la soie laissée en attente. Bloquez le hackle avec cette dernière et coupez le surplus.

1

2

● À la suite, fixez le deuxième hackle de la même manière (il doit avoir des fibres légèrement plus longues que le premier), amenez la soie un peu avant la courbure et tournez le hackle jusqu'à la soie. Bloquez et coupez le surplus.

● À la courbure, fixez les cerques. Entre les doigts de la main droite, rabattez les fibres de la collerette en avant et emprisonnez-les au fur et à mesure par des enroulements de soie qui formeront le corps. Pour plus de facilité, n'utilisez pas une soie trop fine.

3

4

● Arrivé aux 2/3 de la tige de l'hameçon, arrêtez le montage par un whip finish et vernissez le corps.

Formule de montage

TYPE : sèche.
POISSONS : truites et ombres.
HAMEÇON : n° 18 à n° 14, tige longue.
CERQUES : fibres de hackle roux.
CORPS : tinsel plat doré, cerclé d'un tinsel or rond et un hackle roux.
COLLERETTE : hackle roux.
TÊTE : soie de montage.
SOIE DE MONTAGE : jaune.

Wickham's fancy

Ce modèle de mouche d'origine anglaise fut créé au XIXe siècle et, depuis, elle a mis au sec des milliers de truites et d'ombres.

Fiche de montage

Commencez le montage derrière l'œillet et enroulez la soie sur toute la longueur de la tige. Fixez les cerques à la courbure (voir page 41), ainsi que le tinsel plat et le rond, emprisonnez également le hackle roux. Amenez la soie au point de départ, enroulez le tinsel plat en spires jointives pour former le corps, cerclez en spires espacées avec le hackle, ainsi qu'avec le tinsel rond. Bloquez le tout et fixez le deuxième hackle roux à quelques millimètres de l'œillet. Faites une collerette (voir pages 71-72) assez fournie, bloquez et formez la tête. Effectuez le nœud final et déposez une goutte de vernis.

Formule de montage

TYPE : sèche.
POISSONS : truites.
HAMEÇON : n° 12 à n° 10, tige longue.
CERQUES : fibres de sabre de faisan.
CORPS : raphia naturel verni, cerclé d'un hackle beige et un quill de paon.
COLLERETTE : hackle badger (beige, centre noir).
TÊTE : soie de montage.
SOIE DE MONTAGE : noire.

Mouche de mai spinner

Forme imago de la mouche de mai, elle a pour avantage de ne pas trop vriller le fil et de bien flotter. Elle convient bien aux eaux agitées.

Fiche de montage

À la courbure, fixez, dans l'ordre, les cerques, le hackle beige, le quill de paon, le raphia. Formez un corps conique avec la soie de montage (voir pages 48-49) et enroulez le raphia en spires jointives puis vernissez-le. Avant séchage, cerclez avec le quill de paon, puis avec le hackle en spires espacées. Bloquez le tout, puis fixez le hackle badger. Tournez-le (6 tours) (voir pages 71-72) et formez la tête. Faites le nœud final et déposez une goutte de vernis.

Palmer foncé

Les palmers n'imitent rien de précis mais sont précieux pour pêcher l'eau en l'absence de gobages ; de plus, en cas de rivière encombrée, ils s'accrochent peu dans les branches de la végétation rivulaire.

Fiche de montage

Fixez la soie derrière l'œillet et allez à la courbure, emprisonnez les cerques, ainsi que les deux hackles. Amenez la soie derrière l'œillet et tournez les deux hackles l'un après l'autre en passant le deuxième dans les enroulements du premier (voir page 75). Bloquez-les avec la soie de montage, coupez le surplus des plumes et formez la tête. Faites le nœud final et déposez une goutte de vernis.

Formule de montage

Type : sèche.
Poissons : truites et ombres.
Hameçon : n° 16 à n° 10, tige courte.
Cerques : fibres de hackle roux.
Corps : soie de montage.
Collerette : deux hackles, un roux moyen, et l'autre gris foncé.
Tête : soie de montage.
Soie de montage : marron.

Olive foncée

C'est une mouche utilisée principalement en début de saison. Elle imite plusieurs espèces d'insectes de la famille des *Ecdyonurus*, mouches des rivières rapides à fond caillouteux.

Fiche de montage

À la courbure, fixez les cerques, le quill de paon par la pointe, et faites une mèche de dubbing assez fournie avec le twister à dubbing (voir page 50). Amenez la soie de montage à 3 mm de l'œillet et formez le corps jusqu'à cette dernière. Enduisez de colle rapide la face interne du quill et, avec, cerclez le corps. Bloquez le tout avec la soie de montage. À la suite, emprisonnez les deux hackles et tournez-les l'un après l'autre jusqu'à l'œillet (voir page 75). Bloquez-les et coupez le surplus de plumes. Faites la tête, le nœud final, et vernissez.

Formule de montage

Type : sèche.
Poissons : truites.
Hameçon : n° 14 à n° 12, tige longue.
Cerques : fibres de queue de faisan.
Corps : dubbing marron gris, cerclé d'un quill de paon naturel.
Collerette : hackle gris foncé et hackle marron.
Tête : soie de montage.
Soie de montage : marron foncé.

Formule de montage

Type : sèche.
Poissons : truites et ombres.
Hameçon : n° 18 à n° 12, tige normale.
Corps : soie de montage.
Collerette : un hackle gris acier à l'arrière, roux foncé au milieu, noir en tête.
Tête : soie de montage.
Soie de montage : noire.

Tricolore foncée

Un « standard » chez les mouches sèches. Depuis sa création par Henri Bresson, le sorcier de Vesoul, elle a pris un nombre impressionnant de truites et d'ombres.

Fiche de montage

Enroulez la soie de montage sur toute la longueur de l'hameçon et, à la courbure, fixez le hackle gris acier. Tournez-le sur le tiers arrière (voir page 74) et bloquez-le. Fixez à la suite le hackle roux, tournez-le sur le tiers central, bloquez-le. Enfin fixez le hackle noir et procédez comme pour les précédents. Faites la tête, le nœud final, et déposez une goutte de vernis.

Formule de montage

Type : sèche.
Poissons : truites.
Hameçon : n° 18 à n° 12, tige normale.
Cerques : fibres de hackle roux.
Corps : herl de condor rouge.
Collerette : deux hackles, un roux moyen et un gris clair.
Tête : soie de montage.
Soie de montage : marron.

Bivisible

Grâce à sa collerette de deux couleurs contrastées, elle est particulièrement visible dans toutes les conditions de luminosité et par conséquent procure un bon confort de pêche.

Fiche de montage

Après avoir enroulé la soie de montage sur toute la longueur de l'hameçon, fixez à la courbure les cerques, ainsi que le herl de condor par la pointe. Mettez la soie en attente aux 2/3 avant de la tige et formez le corps en herl tourné en spires jointives après avoir passé une couche de vernis pour le coller (voir page 56). Bloquez avec la soie et, à la suite du corps, emprisonnez le hackle gris. Tournez-le sur la moitié de l'espace prévu pour la collerette (voir page 74), bloquez avec la soie, coupez le surplus et fixez le hackle roux immédiatement devant. Tournez-le jusqu'à l'œillet, bloquez, coupez le reste de plume et faites la tête. Effectuez le nœud d'arrêt et déposez une goutte de vernis.

Moucheron

Souvent présents en très grand nombre au-dessus de la surface, les gobages dus à cet insecte sont caractéristiques : la truite sort la tête de l'eau pour s'en saisir en vol.

Fiche de montage

Fixez la soie derrière l'œillet et allez à la courbure, positionnez un cul-de-canard, pointes orientées vers l'arrière : elles doivent dépasser la courbure pour former les cerques. Avec des ciseaux, réduisez le nombre de fibres de la queue et écourtez-la s'il y a lieu. Amenez la soie de montage à 2 mm de l'œillet, vrillez la plume de cul-de-canard et formez le corps avec (voir page 54). Bloquez et coupez le surplus. Emprisonnez un petit cul-de-canard et tournez-le pour faire la collerette (voir page 76). À l'aide de ciseaux, réduisez la longueur des fibres. Formez la tête, faites le nœud d'arrêt et consolidez par une goutte de vernis.

Formule de montage

Type : sèche.
Poissons : truites et ombres.
Hameçon : n° 20 à n° 18, tige normale.
Cerques, corps, collerette : cul-de-canard gris foncé.
Tête : soie de montage.
Soie de montage : noire.

Araignée mixte

Sa flottaison basse la fait particulièrement apprécier des poissons difficiles, elle trouve toute son utilité en fin de saison sur les ombres.

Fiche de montage

À la courbure, fixez les cerques, le brin de soie beige et, avec la soie de montage, formez un corps conique sur les 2/3 arrière de l'hameçon (voir pages 48-49). Cerclez-le avec la soie beige (voir page 45) et, à la suite, emprisonnez le hackle roux, ainsi qu'une petite plume de cul-de-canard, préalablement parée, par la pointe. Tournez le hackle jusqu'à l'œillet en spires légèrement espacées, bloquez et coupez le surplus. À travers les enroulements du hackle, tournez la plume de cul-de-canard (voir page 75). Bloquez, coupez, et faites la tête. Effectuez le nœud d'arrêt et déposez une goutte de vernis.

Formule de montage

Type : nymphe.
Poissons : truites et ombres.
Hameçon : n° 18 à n° 16, tige normale.
Cerques : spinner tails roux.
Corps : soie de montage, cerclé de soie beige.
Collerette : hackle roux et cul-de-canard gris mélangés.
Tête : soie de montage.
Soie de montage : marron foncé.

Montage avancé

Formule de montage

Type : sèche.
Poissons : truites et ombres.
Hameçon : n° 18 à n° 14, tige normale.
Cerques : fibres de hackle roux.
Corps : soie de montage (verni ou plastifié).
Collerette : hackle roux moyen.
Tête : soie de montage.
Soie de montage : jaune pâle.

Ce type de montage, créé par Aimé Devaux, a fait le tour du monde et a séduit bien des générations de poissons. Cette mouche a l'avantage de se sécher au moindre faux lancer.

Fiche de montage

Commencez le montage en fixant la soie de manière à laisser le tiers avant libre et enroulez-la jusqu'à la courbure. Fixez les cerques. Avec la soie de montage, formez un corps conique (voir pages 48-49), vernissez-le en deux couches, ou passez une couche de plastifiant. Fixez le hackle derrière l'œillet et tournez-le en allant en arrière. Bloquez-le et coupez le surplus de plume. À l'aide des doigts de la main droite, orientez les fibres de la collerette en avant. Avec la soie de montage faites des enroulements de manière à recouvrir la moitié des fibres (voir page 77). Faites un whip finish et vernissez l'arrêt. Les fibres de la collerette doivent rester orientées vers l'avant.

Montage avancé mixte

Formule de montage

Type : sèche.
Poissons : truites et ombres.
Hameçon : n° 18 à n° 14, tige normale.
Cerques : fibres de hackle marron.
Corps : soie de montage, cerclé de soie marron.
Collerette : mixte : un hackle roux et une plume de perdrix grise.
Tête : soie de montage.
Soie de montage : beige.

Imitation d'insecte de la famille des *Ecdyonurus* particulièrement prenant en début de saison. Comme tous les modèles en montage avancé, elle se sèche très facilement en action de pêche.

Fiche de montage

Fixez la soie derrière l'œillet, faites la tête et fixez le hackle marron orienté en avant. Amenez la soie à la moitié de la tige de l'hameçon et tournez le hackle jusqu'à celle-ci. Bloquez, coupez l'excédent de plume. À la suite, fixez une plume de perdrix grise par la pointe. Tournez-la en allant vers l'arrière (voir page 76), comme pour le hackle (faites 3 tours). Bloquez et coupez le surplus, puis allez à la courbure et fixez les cerques ainsi que le brin de soie marron. Entre les doigts de la main droite, rabattez les fibres de la collerette en avant et maintenez-les en place par des enroulements de soie (voir page 77). Faites un corps conique sur un peu plus de la moitié de l'hameçon, cerclez avec la soie marron et bloquez par un whip finish. Vernissez le corps.

Noyée rousse

Cette mouche est un des modèles les plus utilisés par le pêcheur en mouche noyée. Elle est efficace tout au long de la saison. Elle se monte en intermédiaire sur un train de trois mouches.

Fiche de montage

Démarrez le montage derrière l'œillet et allez à la courbure. Emprisonnez le tinsel doré et faites une mèche de dubbing rouge (voir page 50). Formez le corps en laissant un espace libre derrière l'œillet pour la collerette. À la suite du corps, fixez deux hackles roux, un clair et un foncé. Tournez-les chacun 2 tours en passant le deuxième dans le premier (voir page 75). Bloquez le tout et coupez le surplus de hackle. Formez la tête de manière à rabattre légèrement les fibres de la collerette en arrière. Faites le nœud d'arrêt et consolidez par une goutte de vernis.

Formule de montage

Type : noyée.
Poissons : truites et ombres.
Hameçon : n° 14 à n° 8, fort de fer.
Corps : dubbing de phoque rouge, cerclé d'un tinsel or.
Collerette : hackles roux.
Tête : soie de montage.
Soie de montage : noire.

Perdrix noyée

Elle se monte en sauteuse sur un train de trois mouches et elle est très efficace tout au long de la saison car elle imite une grande variété d'insectes aquatiques.

Fiche de montage

Fixez la soie de montage derrière l'œillet et enroulez-la jusqu'à la courbure. Faites une mèche de dubbing et emprisonnez une plume de perdrix par la pointe. Ramenez la soie derrière l'œillet et laissez-la en attente. Formez le corps jusqu'à l'œillet. Bloquez, coupez le surplus et tournez la plume de perdrix en spires espacées sur toute la longueur. Bloquez, coupez le reste et formez la tête. Effectuez le nœud final et vernissez la tête.

Formule de montage

Type : noyée.
Poissons : truites et ombres.
Hameçon : n° 14 à n° 8, tige normale.
Corps : dubbing jaune olive.
Collerette : plume de perdrix grise.
Tête : soie de montage.
Soie de montage : vert olive.

Formule de montage

Type : noyée.
Poissons : truites et ombres.
Hameçon : n° 14 à n° 8, fort de fer.
Cerques : fibres de plume de faisan doré.
Corps : soie floche noire, cerclé d'un tinsel argent.
Collerette : hackle de coq noir.
Tête : soie de montage.
Soie de montage : noire.

Black pennel

Ce montage d'origine anglaise est extrêmement prenant en rivière tout comme en réservoir. En eaux dormantes, la plume de coq peut être remplacée par une plume de poule. Elle se monte en intermédiaire ou en pointe sur un train de trois mouches.

Fiche de montage

Bloquez la soie derrière l'œillet et allez à la courbure. Là, fixez les cerques en faisan, le tinsel et la soie floche, puis ramenez la soie derrière l'œillet. Avec la soie floche, formez un corps conique et cerclez-le avec le tinsel. Arrêtez le tout et coupez le surplus de matériaux. Fixez le hackle par le pied, puis tournez-le, 2 tours (voir pages 71-72). Bloquez, coupez le reste et faites la tête. Effectuez le nœud final et déposez une goutte de vernis.

Formule de montage

Type : sèche.
Poissons : truites et ombres.
Hameçon : n° 14 à n° 10, fort de fer.
Cerques : laine rouge.
Corps : laine noire, cerclé d'un tinsel argent.
Collerette : hackle noir.
Tête : soie de montage.
Soie de montage : noire.

Black zulu

Excellente mouche intermédiaire sur un train de trois mouches. Elle est très prenante en réservoir à la saison froide.

Fiche de montage

Fixez la soie derrière l'œillet et allez à la courbure. Fixez le brin de laine rouge destiné à former la queue, le tinsel argent et le brin de laine noire. Ramenez la soie derrière l'œillet et formez un corps cylindrique en laine noire en laissant un espace libre derrière l'œillet pour la collerette. Cerclez avec le tinsel, bloquez le tout et coupez l'excédent. Emprisonnez le hackle noir et tournez-le, 4 tours (voir pages 71-72). Bloquez-le et coupez. Faites la tête en débordant un peu sur la collerette pour rabattre légèrement les fibres en arrière. Faites le nœud final et déposez une goutte de vernis.

Palmer noyé

Ce modèle particulièrement vibrant est très apprécié en début de saison par eaux teintées. Il peut se monter aussi bien en intermédiaire qu'en mouche de pointe.

Fiche de montage

Enroulez la soie jusqu'à la courbure et fixez le hackle ainsi que le tinsel. Retournez derrière l'œillet et laissez la soie en attente. Montez la soie floche sur un autre porte-bobine et faites un aller-retour pour former le corps sur toute la longueur de l'hameçon. Cerclez-le avec le tinsel, bloquez le tout et coupez le surplus. Vous pouvez éventuellement le vernir. Tournez le hackle en spires espacées jusqu'à l'œillet (voir pages 71-72), bloquez et coupez le reste. Faites la tête, le nœud final et déposez une goutte de vernis.

Formule de montage

Type : noyée.
Poissons : truites et ombres.
Hameçon : n° 10 à n° 8, fort de fer.
Corps : soie floche rouge, cerclé d'un tinsel doré.
Collerette : hackle gris marron, monté en palmer léger.
Tête : soie de montage.
Soie de montage : noire.

March brown

Mouche de début de saison, la « Brune de mars » imite certains insectes de la famille *Ecdyonurus*. Elle est très intéressante, car ses éclosions débutent dès le mois de mars et se poursuivent jusqu'en juin. C'est une mouche de rivière à courant rapide et à fond caillouteux.

Fiche de montage

Enroulez la soie jusqu'à la courbure et emprisonnez les cerques en faisan, elles doivent être un peu plus longues que l'hameçon. Fixez également à cet endroit le brin de tinsel doré. Faites un fuseau en dubbing de lièvre (voir page 50), et tournez-le sur les 2/3 arrière de l'hameçon pour former le corps. Cerclez-le avec le tinsel et bloquez le tout. Fixez les 2 hackles à la suite du corps, et amenez la soie derrière l'œillet. Tournez les hackles l'un après l'autre, en passant le deuxième dans le premier. Faites 5 tours avec chaque plume afin d'avoir une collerette assez fournie. Bloquez et coupez l'excédent de plume. Formez la tête en soie de montage, faites le nœud d'arrêt et déposez une goutte de vernis.

Formule de montage

Type : sèche.
Poissons : truites.
Hameçon : n° 14 à n° 10, tige longue.
Cerques : fibres de sabre de faisan.
Corps : dubbing de lièvre, cerclé d'un tinsel doré.
Collerette : 2 hackles de coq (1 gris et 1 marron).
Tête : soie de montage.
Soie de montage : marron foncé.

Palmer baétis

Formule de montage

TYPE : sèche.
POISSONS : truites et ombres.
HAMEÇON : n° 18 à n° 16, tige normale.
CERQUES : fibres de hackle gris.
CORPS : soie de montage.
COLLERETTE : 1 hackle chinchilla gris et 1 vert olive.
TÊTE : soie de montage.
SOIE DE MONTAGE : noire.

Ce petit palmer s'utilise surtout en début de saison. Grâce à son excellente flottaison et sa bonne visibilité, il procure un excellent confort de pêche.

Fiche de montage

À la courbure, fixez les cerques ainsi que le hackle chinchilla. Au premier tiers de l'hameçon, fixez le hackle vert olive, dont les fibres sont légèrement plus longues que le hackle gris. Tournez le hackle gris sur toute la longueur jusqu'à l'œillet (voir pages 71-72), bloquez et coupez le surplus. Tournez le hackle vert sur le tiers avant en passant à travers le premier (voir page 75). Coupez, formez la tête, le nœud d'arrêt et déposez une goutte de vernis.

Black gnat

Formule de montage

TYPE : sèche.
POISSONS : truites et ombres.
HAMEÇON : n° 22 à n° 18, tige longue.
CORPS : plume de cul-de-canard noir.
COLLERETTE : deux hackles noirs.
AILE : Z lon blanc.
TÊTE : soie de montage.
SOIE DE MONTAGE : noire.

Cette mouche représente l'adulte du chironome, présent en très grand nombre dans de nombreuses rivières. Les truites sortent souvent à moitié de l'eau pour s'en saisir.

Fiche de montage

Fixez la soie derrière l'œillet et amenez-la à la courbure. Emprisonnez un petit hackle noir et tournez une collerette (3 tours) sur 1 mm. Bloquez et fixez une petite plume de cul-de-canard par la pointe. Mettez la soie en attente à 1 mm de l'œillet, vrillez la plume et formez le corps en la tournant jusqu'à l'œillet (voir page 54). Bloquez, coupez, et fixez une petite mèche de Z lon orientée en arrière. Emprisonnez le deuxième hackle noir et tournez-le. Bloquez, coupez et formez la tête. Effectuez le nœud d'arrêt et déposez une goutte de vernis.

Coch-y-bondhu

Mouche fantaisie, pouvant également imiter un petit insecte terrestre. Munie d'une collerette moins fournie, elle peut être utilisée en noyée.

Fiche de montage

Commencez le montage derrière l'œillet et enroulez la soie jusqu'à la courbure. À cet endroit, fixez le tinsel et les herls de paon. Formez le tag avec le tinsel sur 2 mm à la base de la courbure, puis bloquez-le et coupez le bout qui dépasse. Ramenez la soie à 2 mm de l'œillet et faites le corps avec les herls, bloquez et fixez le hackle. Tournez-le (4 tours), bloquez avec la soie et faites la tête, un nœud d'arrêt, et vernissez.

Formule de montage

Type : sèche.
Poissons : truites et ombres.
Hameçon : n° 16 à n° 12, tige courte.
Collerette : hackle badger foncé.
Corps : herls de paon.
Queue : tag en tinsel or.
Tête : soie de montage.
Soie de montage : noire.

La « Moche »

Ce ne sont pas toujours les plus belles mouches qui prennent le plus de poissons. Ce modèle en est un bon exemple et je l'utilise avec succès depuis de nombreuses années.

Fiche de montage

À la courbure, fixez dans l'ordre, les cerques, le brin de tinsel, le hackle gris, et faites une mèche de dubbing de phoque (voir page 50). Ramenez la soie derrière l'œillet et faites le corps avec la mèche de dubbing sur toute la longueur de l'hameçon. Cerclez-le avec le tinsel, bloquez le tout et coupez le surplus. Enroulez le hackle en spires espacées jusqu'à 2 mm de l'œillet, et formez une collerette classique en vous arrêtant à l'œillet. Bloquez, coupez et faites la tête. Effectuez le nœud d'arrêt et déposez une goutte de vernis.

Formule de montage

Type : sèche.
Poissons : truites et ombres.
Hameçon : n° 18 à n° 14, tige normale.
Cerques : fibres de pelle de coq pardo.
Corps : dubbing de phoque vert olive, cerclé d'un tinsel doré.
Collerette : hackle gris.
Tête : soie de montage.
Soie de montage : vert olive.

Réaliser des mouches à ailes

Outre leur aspect réaliste, les montages à ailes ont l'avantage d'être très visibles sur l'eau et sont d'un grand confort pour le moucheur.

Le nœud en 8 ou nœud en croix

Ce type d'enroulement sert à séparer deux ailes pour leur donner une forme de V.

Le nœud en 8 est une technique fondamentale qu'il est important de maîtriser si l'on ne veut pas être bloqué dans un grand nombre de fiches de montage. Il s'utilise pour positionner certains matériaux de montage perpendiculairement à la tige de l'hameçon d'une manière solide. Il est surtout employé pour fixer et séparer des ailes en matériaux divers, mais aussi les pattes, les yeux en mousse, en polystyrène ou en chaînette de lavabo.

● Après avoir fixé vos ailes sur l'hameçon et les avoir redressées par quelques tours de soie devant celles-ci, passez-la une fois entre les deux ailes pour l'amener immédiatement derrière elles.

● Faites un demi-tour autour de la tige de l'hameçon en passant par-dessous et repassez entre les deux ailes pour amener la soie de montage devant celles-ci. Renouvelez l'opération plusieurs fois.

LE TRUC du professionnel

Ailes en V (mouiller les fibres)

Quand vous formez des ailes en V avec des fibres de plume ou des matériaux synthétiques, mouillez les fibres entre vos doigts pour former deux touffes. Cela facilitera la formation du nœud en 8 pour séparer les ailes.

Monter la Quill Gordon

Archétype de la mouche à ailes, ce modèle très réaliste imite un grand nombre d'éphémères.

- À 2 mm de l'œillet, fixez les ailes en fibres de plume de canard, puis séparez-les en deux par des enroulements en 8.

- Allez à la courbure et fixez les cerques, ainsi que le quill de paon. Faites un corps conique avec la soie de montage, enroulez le quill en spires jointives et passez deux couches de vernis.

- Après séchage, à la suite du corps, fixez le hackle et tournez-le jusqu'à l'œillet.

- Bloquez, faites la tête, le nœud final et vernissez.

Formule de montage

Hameçon : n° 16 à n° 14, tige courte.
Cerques : fibres de hackle gris.
Corps : quill de paon naturel.
Collerette : hackle gris moyen.
Ailes : fibres pointillées de colvert, teintes en jaune.
Tête : soie de montage.
Soie de montage : grise.

Ailes en pointe de hackle

À la mode dans les années 70-80, ce type de montage, pour être esthétique, a cependant l'inconvénient de vriller fortement le bas de ligne.

● Sur un cou de coq, prélevez deux plumes de même taille. Mettez-les côte à côte et coupez-les à la longueur désirée (une longueur d'hameçon pour les éphémères).

● Positionnez-les sur le tiers avant de la tige de l'hameçon en les orientant pointe en avant et fixez-les par quelques tours de soie de montage.

● Redressez les deux ailes en enroulant quelques tours de soie devant et séparez-les par des enroulements en 8.

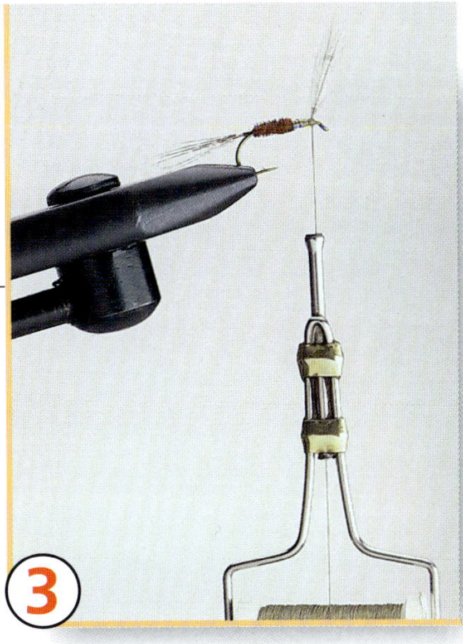

LE TRUC du professionnel

Positionner les ailes (dans l'axe de la mouche)

Quand vous montez une mouche avec ailes en plume ou pointe de hackle, veillez à bien les positionner dans le plan de l'hameçon, sinon, lors du lancer, elles se transformeront en hélices et la mouche vrillera.

Ailes de sedge en plume ronde

Très réaliste, ce type d'ailes présente cependant certains défauts. Quand la plume est vernie avec un produit trop dur, par exemple, elle a tendance à vriller et à faire du bruit lors du lancer. Si, au contraire, elle n'est pas vernie, elle se dégrade rapidement. Utilisez donc un produit spécifique tel le vernis souple « floogloo ».

• Choisissez une plume ronde (canard, perdrix, pintade, etc.) en rapport avec la taille de l'hameçon et enlevez la partie duveteuse de la portion inférieure de la plume.

• Appliquez un peu de vernis souple type « floo-gloo » sur un des côtés de la plume et répartissez-le uniformément en la passant entre le pouce et l'index.

• Par 2 ou 3 tours de soie, fixez-la à la suite du corps de manière à ce qu'elle soit au-dessus de la mouche.

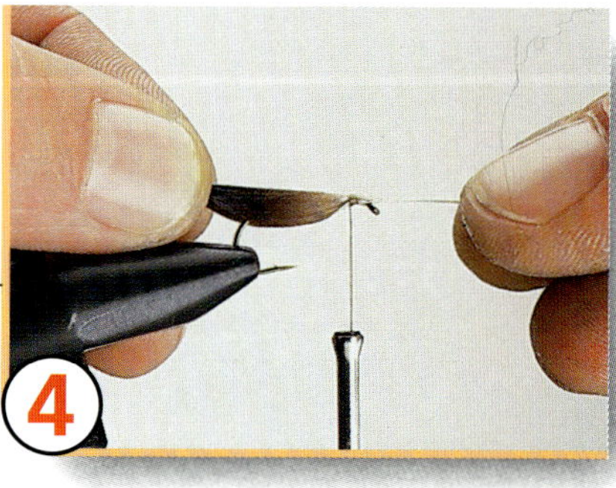

• Tirez doucement sur le rachis de manière à emprisonnez les premières fibres. Ainsi la plume formera une sorte de toit au-dessus du corps. Coupez le surplus de rachis, consolidez la fixation par quelques tours de soie supplémentaires et réduisez la longueur de l'aile si besoin par un coup de ciseaux.

Le nœud guillotine

Il permet une très bonne fixation des ailes en portion de plume, mais nécessite un certain entraînement pour le réussir correctement.

● Prélevez une portion de plume sur une rémige (grande plume d'aile) et coupez la base pour lui donner la longueur désirée.

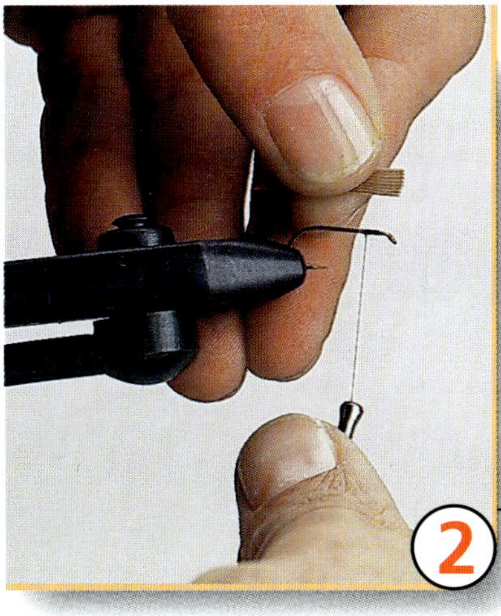

● Tenez la pointe entre le pouce et l'index de la main gauche (pour les droitiers) et positionnez-la juste au-dessus de la tige de l'hameçon à l'endroit où vous désirez la fixer.

● Avec la soie de montage tenue par la main droite, faites 1 tour sans serrer autour de la portion de plume, puis, toujours sans serrer, continuez l'enroulement sous la tige de l'hameçon et repassez par-dessus la portion de plume.

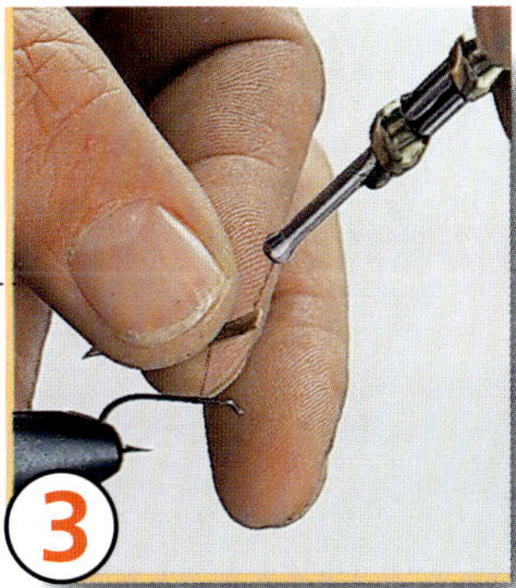

● Serrez progressivement, la plume doit rester dans un plan vertical et non se tourner et se mettre à plat sur l'hameçon.

LE TRUC du professionnel

Des plumes symétriques

Si vous faites une mouche avec deux ailes en portion de plume, utilisez deux rémiges ; une d'aile gauche et une d'aile droite, car les portions de plume ne sont jamais droites mais légèrement courbes, ainsi, elles auront toutes deux la même forme.

Ailes en matières synthétiques

Avec l'évolution des matériaux de montage, les ailes faites avec des matériaux synthétiques connaissent un succès grandissant. Des techniques spécifiques sont mises en œuvre pour les utiliser.

- Dans une feuille de zing ou d'Ail-Air, découpez un rectangle de deux fois la longueur désirée pour l'aile.

- Pliez-la en deux et arrondissez les pointes à l'aide d'une paire de ciseaux.

- Faites une boucle avec un fil solide et passez-la dans la pliure des ailes. Tirez doucement d'un côté sur les ailes et de l'autre sur les brins de fil. Cette opération aura pour effet d'affiner la largeur de la pliure et par conséquent de faciliter la fixation de la paire d'ailes sur la mouche.

- Fixez les ailes ainsi obtenues à l'endroit désiré sur la mouche par des enroulements en 8.

Ailes en plumes de cul-de-canard

C'est l'un des meilleurs matériaux pour construire les ailes de sedge. Elles « vivent », sont faciles à monter et flottent parfaitement.

- Choisissez quatre plumes de cul-de-canard de même longueur et, après avoir fait le corps de l'imitation, présentez-les pointes en arrière au-dessus de la mouche pour régler leur longueur.

- Par quelques tours de soie, fixez les plumes de cul-de-canard à la suite du corps au niveau de l'espace laissé libre pour la collerette.

- Coupez le surplus de plumes à l'avant et consolidez la fixation de ces dernières avec la soie de montage. Ajustez la longueur des ailes par un coup de ciseaux.

LE TRUC du professionnel

Choisir les plumes de cul-de-canard au microscope

La qualité principale de la plume de cul-de-canard réside dans sa faculté à flotter naturellement grâce aux particules de graisse naturelle qui adhèrent à ses fibres. Dans le commerce, on trouve de plus en plus de belles plumes, par leur aspect, mais qui ont un pouvoir de flottaison réduit. À l'œil nu, il est impossible de voir ces micro-particules de graisse, en revanche, à l'aide d'un petit microscope (ceux présents dans les boîtes d'étude de la biologie destinées aux enfants) on peut voir aisément si les plumes en sont riches ou dépourvues.

Ailes en poils de cervidés

Surtout utilisés pour la fabrication des ailes de sedge, elles flottent bien et longtemps et sont donc particulièrement recommandées pour pêcher en sèche en réservoir.

● À la suite du corps de la mouche, prélevez une pincée de poils de cervidés (chevreuil, cerf, etc.) et fixez-les pointes en arrière.

● Taillez la base des poils pour former la tête.

Le truc du professionnel

Conserver les peaux de cervidés

Le moyen le plus économique pour se procurer de la peau de chevreuil est de s'adresser aux chasseurs. Le problème qui se pose est que les peaux ou les morceaux de peau que vous récolterez sont bruts et si l'on ne fait rien, ils pourrissent rapidement en dégageant une odeur nauséabonde. Pour les conserver dans de bonnes conditions, il faut tout d'abord, avec un bon couteau, racler la graisse et les restes de viande qui adhèrent à la face interne de la peau. Ensuite vous la tendez sur un cadre pour que l'air circule et qu'elle sèche dans de bonnes conditions. Côté peau vous mettez une bonne couche de sel ou mieux de la poudre d'alun pour sécher les parties susceptibles de pourrir. Il ne vous reste plus qu'à laisser sécher dans un endroit ombragé et aéré.

Le truc du professionnel

Régler la hauteur de flottaison

Pour décider une truite récalcitrante à monter sur votre mouche, il suffit de peu de chose, en particulier la hauteur de flottaison de l'artificielle. Les imitations en poils de cervidés, en particulier les émergentes, permettent, sans changer de mouche, de la faire évoluer à différents niveaux. D'un simple coup de ciseaux, réduisez la taille des poils de manière à abaisser sa flottaison. Procédez par petites touches, et vous trouverez forcément la bonne hauteur.

Baétis imago

L'avantage principal de cette imitation est sa bonne visibilité grâce aux deux tons de gris qui composent la collerette et les ailes. À utiliser quand les insectes femelles pondent à la surface de l'eau.

Fiche de montage

Commencez le montage derrière l'œillet et amenez la soie à la courbure, où vous fixerez les cerques (un peu plus de la longueur de l'hameçon), ainsi que quelques fibres de faisan par la pointe. Mettez la soie en attente à 2 mm de l'œillet. Formez le corps jusqu'à cet endroit avec les fibres de faisan après avoir coincé leur base dans une pince à hackle (voir page 47). Bloquez avec la soie de montage et coupez le surplus. À la suite, emprisonnez un hackle gris, amenez la soie au milieu de l'espace resté libre et fixez deux pointes de hackle orientées en avant pour faire les ailes. Redressez-les et séparez-les par des enroulements en 8 (voir page 89). Après avoir positionné la soie derrière l'œillet, tournez le hackle jusqu'à cet endroit. Bloquez, coupez le surplus et faites la tête. Effectuez le nœud final et déposez une goutte de vernis.

Formule de montage

Type : sèche.
Poissons : truites et ombres.
Hameçon : n° 18 à n° 14, tige normale.
Cerques : fibres de pelle de coq pardo.
Corps : fibres de plume de queue de faisan teintées en rouge.
Collerette : hackle gris clair.
Ailes : pointes de hackle gris foncé.
Tête : soie de montage.
Soie de montage : marron.

Adams

Imitation particulièrement prenante au printemps au moment des éclosions des premières olives. Elle offre un excellent confort de pêche grâce à sa bonne visibilité.

Fiche de montage

À 2 mm de l'œillet, fixez les deux pointes de hackle orientées vers l'avant, redressez-les par quelques tours de soie et séparez-les par des enroulements en 8 (voir page 89). Allez à la courbure, fixez les cerques et poissez la soie pour faire adhérer le dubbing (voir page 51). Formez le corps et, à la suite, emprisonnez les hackles. Tournez-les de part et d'autre des ailes en faisant passer le deuxième dans les enroulements du premier, bloquez, coupez le surplus de hackle et faites la tête. Effectuez le nœud final et vernissez.

Formule de montage

Type : sèche.
Poissons : truites et ombres.
Hameçon : n° 16 à n° 14, tige courte.
Cerques : fibres de pelle de coq gris.
Corps : dubbing de renard argenté (ou gris).
Collerette : un hackle marron et un grizzly.
Ailes : pointes de hackle grizzly.
Tête : soie de montage.
Soie de montage : noire.

Formule de montage

TYPE : sèche.
POISSONS : truites.
HAMEÇON : n° 14 à n° 12, tige normale.
CORPS : dubbing de lièvre, cerclé d'un tinsel doré.
COLLERETTE : deux hackles roux.
AILE : plume de flanc de cane colvert.
TÊTE : soie de montage.
SOIE DE MONTAGE : marron.

Sedge en plume de cane

Cette imitation assez volumineuse et bénéficiant d'une bonne visibilité convient particulièrement pour le coup du soir.

Fiche de montage

Enroulez la soie de montage sur toute la longueur de l'hameçon. À la courbure, emprisonnez le brin de tinsel et faites une mèche de dubbing avec le dubbing twister (voir page 50). Amenez la soie à 2 mm de l'œillet et laissez-la en attente. Formez le corps avec la mèche de dubbing, cerclez-le avec le tinsel et arrêtez le tout avec la soie de montage. Enlevez la partie duveteuse d'une plume de cane et imprégnez-la de vernis souple. Après séchage, pliez-la en deux dans le sens de la longueur et positionnez-la au-dessus de la mouche pour figurer l'aile (voir page 92). Consolidez par quelques tours de soie et fixez les deux hackles roux. Tournez-les l'un après l'autre jusqu'à l'œillet pour former la collerette. Bloquez-les et coupez l'excédent des plumes. Faites la tête et déposez une goutte de vernis.

Formule de montage

TYPE : sèche.
POISSONS : truites et ombres.
HAMEÇON : n° 14, tige longue.
CORPS : dubbing de lièvre.
COLLERETTE : hackles gris et roux mélangés.
AILE : sous-couche de cul-de-canard gris, recouverte d'une plume grise de perdrix rouge.
TÊTE : soie de montage.
SOIE DE MONTAGE : grise.

Sedge gris

Cette imitation peut s'utiliser tout au long de la saison de pêche, mais c'est en début de saison qu'elle trouve toute son utilité.

Fiche de montage

Fixez la soie de montage derrière l'œillet et allez jusqu'à la courbure. Là, emprisonnez un brin de dubbing de lièvre préformé et ramenez la soie à quelques millimètres de l'œillet, formez le corps. Arrêtez les enroulements de dubbing avec la soie et coupez l'excédent. Faites une sous-couche d'aile en cul-de-canard (voir page 105). Enduisez la pointe de la plume de perdrix de vernis souple type floo gloo. Après séchage complet, pliez cette plume en deux dans le sens de la longueur et positionnez-la par-dessus les fibres de cul-de-canard pour former l'aile (voir page 92). Sur la fixation de l'aile, emprisonnez les deux hackles et amenez la soie à 1 mm de l'œillet. Tournez le premier hackle jusqu'à la soie et bloquez-le. Coupez le surplus de plume. Tournez le second hackle en passant dans les enroulements du premier. Formez la tête et faites le nœud final. Déposez une goutte de vernis pour consolider l'arrêt. Taillez l'aile à la longueur désirée.

Ailes en portions de plume

Cette mouche imite la forme imago de nombreux insectes aquatiques.

Fiche de montage

En tête de l'hameçon, fixez deux petites portions de plume à l'aide du nœud guillotine (voir page 93), redressez-les par quelques tours de soie et séparez-les par des enroulements en 8 (voir page 89). Allez à la courbure et fixez les cerques, ainsi que le quill de paon. Formez un corps conique, vernissez-le et, avant séchage, enroulez le quill (voir page 57). Bloquez-le et coupez le surplus. Passez deux couches de vernis sur le corps et, après séchage, fixez le hackle et tournez-le de part et d'autre des ailes. Faites la tête, le nœud final et vernissez.

Formule de montage

Type : sèche.
Poissons : truites et ombres.
Hameçon : n° 18 à n° 14, tige normale.
Cerques : fibres de hackle roux.
Corps : quill de paon.
Collerette : hackle gris.
Ailes : portions de rémige grise.
Tête : soie de montage.
Soie de montage : grise.

Noyée foncée

Elle trouve toute son utilisation en intermédiaire sur un train de trois mouches en début de saison. Elle est également redoutable en réservoir.

Fiche de montage

Commencez le montage derrière l'œillet et allez jusqu'à la courbure. Là, fixez le brin de tinsel et faites une mèche assez fournie de dubbing noir (voir page 50). Amenez la soie à 1 mm de l'œillet et formez le corps en dubbing jusqu'à cette dernière. Cerclez avec le tinsel et bloquez le tout. À la suite du corps, emprisonnez une portion de plume un peu plus longue que l'hameçon, pointe en arrière, par un nœud guillotine (voir page 93). Fixez ensuite le hackle et tournez-le entre l'aile et l'œillet (voir pages 71-72). Bloquez, coupez le surplus et faites la tête en rabattant les fibres de la collerette en arrière. Faites le nœud d'arrêt et déposez une goutte de vernis.

Formule de montage

Type : noyée.
Poissons : truites et ombres.
Hameçon : n° 12 à n° 10, fort de fer.
Corps : dubbing noir, cerclé d'un tinsel or.
Aile : portion de plume gris foncé.
Collerette : hackle noir.
Tête : soie de montage.
Soie de montage : noire.

Dame blanche

Formule de montage

Type : sèche.
Poissons : truites.
Hameçon : n° 10, tige longue.
Cerques : fibres de plume de queue de faisan.
Corps : dubbing blanc sale, cerclé de soie noire.
Thorax : dubbing de masque de lièvre.
Ailes : zing.
Tête : soie de montage.
Soie de montage : marron.

Cette imitation est une représentation d'imago de mouche de mai. Elle s'utilise de fin mai à début juillet sur des rivières à fond sablo-limoneux.

Fiche de montage

Fixez la soie et allez à la courbure. Emprisonnez à cet endroit les cerques en faisan, le brin de grosse soie noire et faites une mèche de dubbing à l'aide du twister à dubbing (voir page 50). Amenez la soie aux 2/3 de l'hameçon et formez le corps avec la mèche de dubbing jusqu'à ce point. Cerclez-le avec la soie noire, bloquez le tout et coupez le surplus. À la suite, faites une mèche assez fournie de masque de lièvre. Découpez une paire d'ailes dans une feuille de zing et fixez-les au milieu de l'emplacement laissé vide (voir page 94). Séparez-les par des enroulements en 8 (voir page 89) et amenez la soie derrière l'œillet. Faites le thorax avec la mèche de dubbing de lièvre, bloquez derrière l'œillet, formez la tête et déposez une goutte de vernis.

Spent

Formule de montage

Type : sèche.
Poissons : truites et ombres.
Hameçon : n° 16 à n° 12, tige longue.
Cerques : spinner tails gris.
Corps : polydub rouge, cerclé de soie de montage.
Collerette : hackle gris.
Ailes : Ail-Air beige.
Thorax : dubbing marron.
Tête : soie de montage.
Soie de montage : noire.

Cette mouche, imitant un insecte mort, est particulièrement prenante à la belle saison, le matin de bonne heure, surtout si de belles éclosions se sont produites la veille.

Fiche de montage

Fixez la soie à la courbure et emprisonnez les cerques. Laissez la soie en attente à cet endroit, et faites un corps conique en polydub sur les 2/3 arrière de la tige de l'hameçon (voir pages 48-49). Cerclez-le avec la soie de montage et bloquez. À la suite du corps, fixez le hackle, faites une mèche de dubbing (voir page 50). Découpez une paire d'ailes dans une feuille de Ail-Air et fixez-les par des enroulements en 8 (voir pages 89, 94) au milieu de l'espace laissé libre pour la collerette (elles doivent être à plat). Faites le thorax en mèche de dubbing et bloquez-le derrière l'œillet. Tournez le hackle par-dessus le thorax, en spires espacées, 2 tours derrière les ailes, 2 tours devant. Bloquez, faites la tête et le nœud final. En plus de la tête, vous pouvez vernir le corps.

Grand sedge en cul-de-canard

Cette mouche a pour avantage principal sa très bonne flottaison, de plus sa bonne visibilité facilite la pêche dans la plupart des conditions de lumière.

Fiche de montage

À la courbure, fixez une plume de cul-de-canard par la pointe et vrillez-la pour former un fuseau. Enroulez-le pour former le corps en laissant 2 mm derrière l'œillet (voir page 54). Dans l'espace libre, emprisonnez deux pointes (ou quatre, voire six selon la flottabilité désirée) de plume de cul-de-canard pour former les ailes (voir page 95). Consolidez par une goutte de colle rapide. Fixez une plume de cul-de-canard par la pointe et tournez-la (voir page 92). Bloquez, coupez le surplus et faites la tête, le nœud final et vernissez.

Formule de montage

Type : sèche.
Poissons : truites.
Hameçon : n° 12 à n° 10, tige longue.
Corps : cul-de-canard ocre.
Collerette : plume de cul-de-canard ocre.
Ailes : deux plumes de cul-de-canard ocre.
Tête : soie de montage.
Soie de montage : marron clair.

Sedge jaune

Ce sedge de petite taille se rencontre couramment sur nos rivières. Il rend les poissons extrêmement sélectifs, et pêcher avec une autre imitation lors des éclosions de cet insecte fait risquer la bredouille.

Fiche de montage

À la courbure, faites une mèche de dubbing jaune et formez le corps en laissant 1 mm libre derrière l'œillet (voir page 54). À la suite du corps, fixez, pointe en arrière, deux petites plumes de cul-de-canard jaunes pour figurer les ailes en toit (voir page 95). À ce même endroit, emprisonnez le hackle et tournez-le jusqu'à l'œillet. Bloquez avec la soie de montage et faites la tête. Effectuez le nœud d'arrêt et déposez une goutte de vernis.

Formule de montage

Type : sèche.
Poissons : truites et ombres.
Hameçon : n° 18 à n° 16, tige normale.
Corps : dubbing jaune.
Collerette : hackle sable.
Ailes : cul-de-canard jaune.
Tête : soie de montage.
Soie de montage : noire.

Formule de montage

Type : sèche.
Poissons : truites et ombres.
Hameçon : n° 18 à n° 12, tige longue.
Corps : dubbing jaune, cerclé d'un hackle miel.
Aile : poils de chevreuil.
Tête : chevreuil taillé.
Soie de montage : marron clair.

Sedge chevreuil

Grâce à son excellente flottaison il convient parfaitement aux eaux agitées. Il s'utilise tout au long de la saison.

Fiche de montage

À la courbure, fixez le hackle et faites une mèche de dubbing avec le dubbing twister (voir page 50). Formez le corps en laissant 2 mm libres derrière l'œillet et cerclez-le avec le hackle. Bloquez le tout avec la soie de montage, coupez le reste de plume et positionnez la touffe de poils de chevreuil par quelques tours de soie (voir page 96). Passez avec la soie dans la base des poils pour les redresser. Faites le nœud d'arrêt et taillez la base des poils pour former la tête. Déposez une goutte de vernis.

Formule de montage

Type : sèche.
Poissons : truites et ombres.
Hameçon : n° 14 à n° 10, tige longue.
Cerques : buck tail marron clair.
Corps : dubbing de taupe.
Collerette : hackle gris.
Ailes : buck tail marron clair.
Tête : soie de montage.
Soie de montage : marron.

Grey Wulff

Créée dans les années trente par Lee Wulff, célèbre pêcheur américain, elle est particulièrement prenante sur les grosses truites.

Fiche de montage

À quelques millimètres derrière l'œillet, fixez une touffe de buck tail que vous séparerez en deux (voir page 89) pour faire les ailes. Allez à la courbure, et fixez les cerques. Préparez une mèche de dubbing et formez le corps en vous arrêtant un peu avant les ailes. Fixez le hackle et tournez-le de part et d'autre des ailes. Bloquez, faites la tête, arrêtez et vernissez.

Réaliser des émergentes

Les salmonidés, de plus en plus pêchés, ont vu leur comportement alimentaire se modifier complètement. Ils gobent des imitations flottant très bas : c'est pour cette raison que les émergentes sont plus souvent prises que les sèches classiques. Cette situation fait de l'émergente la mouche moderne par excellence, à posséder absolument dans sa boîte.

Toupet en cul-de-canard n° 1

Ce type de montage est surtout employé pour les modèles de mouches fournies, on l'utilise sur des eaux agitées.

● Fixez la soie derrière l'œillet, et emprisonnez une plume de cul-de-canard pointe orientée en avant. Le toupet qui dépasse l'œillet servira à faire l'aile.

1

2

● Coupez l'excédent de plume qui dépasse vers la courbure. Consolidez la fixation avec la soie de montage. Faites le corps souhaité. Entre le pouce et l'index, rabattez le toupet de cul-de-canard en arrière et maintenez-le dans cette position en faisant la tête en soie de montage.

Les précurseurs du cul-de-canard

L'utilisation de la plume de cul-de-canard est relativement récente dans le montage des mouches artificielles. Le premier qui s'intéressa aux qualités de flottaison et au semblant de vie que procurait cette plume fut Henri Bresson, encore appelé le « sorcier de Vesoul ». Il est à l'origine de la création de la French Tricolore, de la Peute, de la Sauvage et bien sûr du Cul-de-Canard. Toutes ces « sauve-bredouille » lui valurent une renommée qui, bien vite, dépassa les frontières de la France. L'explosion de l'utilisation de la plume de cul-de-canard dans le montage moderne vient sans doute de la commercialisation de la collection de Marc Petitjean. Monteur français, d'origine troyenne, installé en Suisse à Fribourg, il a mis au point une série de mouches entièrement montées en plumes de cul-de-canard. La presse s'empara du phénomène et l'ensemble des revues spécialisées de l'époque consacrèrent une large place à ce matériau révolutionnaire qui depuis un peu plus de dix ans entre dans la composition d'un très grand nombre de modèles.

Monter la Cul-de-canard et autruche

Ce modèle vous permettra de travailler le toupet en cul-de-canard. Grâce à son corps trapu, il imite à la perfection un insecte qui vient de naître.

1

• En premier lieu, fixez la plume de cul-de-canard derrière l'œillet en l'orientant vers l'avant. Allez à la courbure avec la soie de montage et fixez un brin de polydub plié en deux pour faire le tag.

Formule de montage

HAMEÇON : n° 20 à n° 14, tige courte.
CERQUES : tag en polydub orange.
CORPS : deux herls d'autruche marron*, cerclé d'un tinsel or.
AILES : toupet de cul-de-canard gris foncé.
TÊTE : soie de montage vernie.
SOIE DE MONTAGE : marron clair.

*** Vous pouvez utiliser des herls jaune sale, vert olive et ocre.**

• À ce même endroit, emprisonnez le brin de tinsel ainsi que les deux herls d'autruche. Tournez les herls pour faire le corps jusqu'à la plume de cul-de-canard et arrêtez avec la soie.

2

3

• Cerclez le corps avec le tinsel, et rabattez le toupet de cul-de-canard en arrière. Formez la tête et faites le nœud d'arrêt. Vernissez la tête.

Toupet en cul-de-canard n° 2

Ce toupet est beaucoup moins fourni que le toupet en cul-de-canard (n° 1), ce montage s'adresse aux poissons méfiants par eaux calmes.

Le truc du professionnel

Nettoyer le cul-de-canard après une prise

Les artificielles montées en plume de cul-de-canard ont des qualités pêchantes qui ne sont plus à démontrer. Malgré cela beaucoup de pêcheurs rechignent à les utiliser, prétextant qu'après la prise d'un poisson elles se transforment en sous-marin. Les fibres de la plume de cul-de-canard, après une prise, se chargent en mucus et, même graissées, elles coulent. Pour redonner toutes les qualités de flottaison à l'imitation, lavez-la dans l'eau entre le pouce et l'index pour la débarrasser du mucus et séchez-la soigneusement dans une feuille d'amadou. Terminez par quelques faux-lancers appuyés et elle redeviendra le bouchon de liège qu'elle était.

- Après avoir fait le corps, amenez la soie de montage derrière l'œillet. Sur une plume de cul-de-canard aux fibres suffisamment longues, prélevez une pincée de fibres et fixez-les pointes orientées en arrière, recommencez l'opération jusqu'à ce que le toupet soit suffisamment fourni.

- Taillez les fibres à la bonne longueur et consolidez la fixation avec la soie de montage.

Tout en canard

Cette imitation, grâce aux matériaux employés pour sa fabrication, montre une très bonne flottaison, et elle est parfaitement visible dans toutes les conditions d'éclairage.

Fiche de montage

Derrière l'œillet, fixez la soie de montage, enroulez-la jusqu'à la courbure et fixez les cerques. À cet endroit, emprisonnez par la pointe une plume de cul-de-canard et ramenez la soie de montage à l'avant de l'hameçon. Vrillez la plume pour en faire un fuseau et enroulez-la autour de la tige pour former le corps (voir page 54). Arrêtez la plume avec la soie et fixez deux petites plumes de cul-de-canard vert olive, pointes en arrière, coupez l'excédent et faites la tête ainsi que le nœud d'arrêt. Consolidez par une goutte de vernis.

Formule de montage

Type : sèche.
Poissons : truites et ombres.
Hameçon : n° 22 à n° 14, tige normale.
Cerques : fibres de hackle gris.
Corps : cul-de-canard gris, vrillé en fuseau*.
Aile : toupet de cul-de-canard vert olive.
Tête : soie de montage.
Soie de montage : vert pâle.

***Le corps peut être de couleur ocre, jaune olive et vert olive.**

Baétis émergente

Cette imitation au faible pouvoir de flottaison évolue dans la pellicule de la surface, ce qui la rend extrêmement meurtrière sur des poissons tatillons.

Fiche de montage

Fixez la soie de montage derrière l'œillet et emprisonnez une pointe de plume de cul-de-canard orientée vers l'avant. Amenez la soie à la courbure et fixez les cerques, ainsi qu'un brin de microchenille. Mettez la soie en attente aux 2/3 de la tige de l'hameçon. Enroulez la microchenille jusqu'à la soie pour former le corps. Bloquez et coupez le reste de chenille. À la suite, faites adhérer un peu de dubbing à la soie après l'avoir enduite de poix (voir page 51). Enroulez ce fuseau entre le corps et le toupet de cul-de-canard pour former le thorax. Enlevez le surplus de dubbing de la soie, rabattez le cul-de-canard en arrière et maintenez-le en place par les enroulements de soie de la tête (voir page 104). Faites le nœud d'arrêt et déposez une goutte de vernis.

Formule de montage

Type : sèche.
Poissons : truites et ombres.
Hameçon : n° 16 à n° 14, tige longue.
Cerques : fibres de hackle gris.
Corps : microchenille olive.
Thorax : dubbing marron clair.
Aile : toupet de cul-de-canard.
Tête : soie de montage.
Soie de montage : marron.

Émergente de mai

Formule de montage

Type : sèche.
Poissons : truites.
Hameçon : n° 12 à n° 10, tige longue.
Cerques : fibres de sabre de faisan.
Corps : dubbing jaune olive, cerclé de soie noire.
Thorax : dubbing marron clair et cul-de-canard ocre.
Aile : fibres pointillées de canard, teintées en jaune.
Tête : soie de montage.
Soie de montage : marron.

Sur les parcours surpêchés, elle donne de très bons résultats en début d'éclosion. Les matériaux qui la composent lui donnent une bonne flottaison dans la pellicule de surface.

Fiche de montage

À la courbure, emprisonnez les fibres de faisan, le brin de soie noire et faites une mèche de dubbing (voir page 50). Formez le corps sur les 2/3 arrière de l'hameçon et cerclez-le. Bloquez et coupez. Fixez deux plumes de cul-de-canard pointes en arrière (elles ne doivent pas dépasser la courbure). Faites une mèche de dubbing pour le thorax, laissez-la en attente. Derrière l'œillet, fixez les fibres de canard pointes également en arrière et coupez le surplus. Formez le thorax avec la mèche de dubbing, rabattez les deux plumes de cul-de-canard en avant (une plume de chaque côté de l'aile) (voir page 55). Ne coupez pas la pointe, mais rabattez-la en arrière et faites la tête. Effectuez le nœud d'arrêt et déposez une goutte de vernis.

Émergente de sulfure

Formule de montage

Type : sèche.
Poissons : truites et ombres.
Hameçon : n° 14 à n° 12, tige longue.
Cerques : spinner tails jaune soufre.
Corps : microchenille jaune, cerclé d'un tinsel holographique.
Thorax : cul-de-canard jaune et fly rite jaune.
Aile : cul-de-canard jaune.
Tête : soie de montage.
Soie de montage : jaune pâle.

Très prisée des ombres sur certaines rivières, elle est indispensable dans la boîte à mouches si l'on veut tirer son épingle du jeu.

Fiche de montage

Derrière l'œillet, fixez une plume de cul-de-canard par la pointe et allez à la courbure. Emprisonnez quelques fibres de spinner tails à la courbure, ainsi que la microchenille et le tinsel. Formez le corps et cerclez-le. À l'arrière du tiers restant, fixez une petite plume de cul-de-canard jaune par le bout de la pointe (le pied de la plume doit être orienté vers l'arrière). À ce même endroit, emprisonnez une mèche de fly rite et, avec, tournez le thorax puis bloquez. Rabattez la plume de cul-de-canard en avant et bloquez-la avec la soie par-dessus le thorax (voir page 55). Vous n'avez plus qu'à rabattre le toupet de cul-de-canard en arrière et formez la tête. Faites le nœud final et déposez une goutte de vernis.

Suspender

Ce modèle représente une émergente de chironome et s'utilise aussi bien en réservoir qu'en rivière.

Fiche de montage

Juste derrière l'œillet, emprisonnez une pincée de fibres de plume de cul-de-canard orientée vers l'avant. Allez à la courbure et fixez les herls de faisan. Formez le corps en laissant un espace libre derrière l'œillet (voir page 47), ne coupez pas le reste de faisan et arrêtez-le en position haute. Faites une mèche de dubbing à l'aide du dubbing twister (voir page 50) et formez le thorax. Rabattez le faisan en avant, bloquez par quelques tours de soie, et répartissez les pointes de chaque côté de l'imitation. Faites le nœud final et consolidez par une goutte de vernis.

Formule de montage

Type : sèche.
Poissons : truites.
Hameçon : n° 16 à n° 14, courbe.
Corps : fibres de sabre de faisan.
Thorax : dubbing marron clair et faisan.
Aile : toupet de cul-de-canard blanc.
Pattes : pointes de fibres de sabre de faisan.
Tête : soie de montage.
Soie de montage : noire.

Émergente à babaille

Elle imite nombre de petits éphémères, sa position basse sur l'eau lui donne une dérive très naturelle. À réserver surtout aux rivières calmes.

Fiche de montage

À 1 mm derrière l'œillet, fixez une bonne pincée de fibres de plume de cul-de-canard, pointe en avant. Allez à la courbure, et emprisonnez les cerques. Formez un corps conique en soie de montage (voir pages 48-49) assez fin sur les 2/3 de l'hameçon et, dans la partie restée libre, formez le thorax avec une mèche de dubbing d'Antron (voir page 51). Bloquez-la et coupez le surplus. Laissez le toupet orienté en avant, faites la tête, le nœud final, et déposez une goutte de vernis.

Formule de montage

Type : sèche.
Poissons : truites et ombres.
Hameçon : n° 20 à n° 14, tige longue.
Cerques : fibres de hackle gris clair.
Corps : soie de montage.
Thorax : dubbing d'Antron vert olive clair.
Aile : toupet de cul-de-canard ocre.
Tête : soie de montage.
Soie de montage : olive clair.

Formule de montage

TYPE : émergente.
POISSONS : truites et ombres.
HAMEÇON : n° 18 à n° 12, tige normale.
CORPS : soie de montage.
AILE : cul-de-canard gris et poils de chevreuil.
TÊTE : poils de chevreuil taillés.
SOIE DE MONTAGE : jaune olive.

J.P.R.

Grâce à sa flottaison assez basse, ce modèle peut être utilisé tout au long de la saison sur des poissons difficiles en période d'éclosion de baetis.

Fiche de montage

Fixez la soie de montage à 1 mm derrière l'œillet et faites un corps conique jusqu'à la courbure (voir pages 48-49). Vous pouvez, si vous le désirez, vernir ce corps. À la suite du corps, positionnez une pincée de fibres de cul-de-canard, pointes en arrière (voir page 106), l'extrémité doit arriver au niveau de la courbure. Coupez le surplus, et fixez une petite pincée de poils de chevreuil de la même longueur que les fibres de cul-de-canard (voir page 96). Faites 2 ou 3 tours de soie à travers la base des poils pour les redresser et effectuez le nœud d'arrêt. Taillez la base des poils avec une bonne paire de ciseaux pour former la tête.

Formule de montage

TYPE : émergente.
POISSONS : truites et ombres.
HAMEÇON : n° 20 à n° 14, tige normale.
CORPS : dubbing jaune olive.
COLLERETTE : plume de flanc de cane colvert.
TÊTE : soie de montage.
SOIE DE MONTAGE : noire.

Peute

Mise au goût du jour par Henri Bresson, son nom signifie « vilaine » en patois franc-comtois. Il s'agit d'un modèle très meurtrier qui peut imiter tout aussi bien un sedge en train de se noyer qu'une émergente.

Fiche de montage

Commencez le montage derrière l'œillet et amenez la soie de montage à la courbure. Faites une mèche de dubbing, formez le corps avec cette dernière et fixez la plume de cane par la pointe. Tournez-la (3 tours), en rabattant les fibres en arrière à chaque tour (voir page 92). Bloquez et coupez l'excédent de plume, formez la tête, effectuez le nœud d'arrêt et déposez une goutte de vernis. Coupez les fibres de manière à ce qu'elles dépassent de quelques millimètres de la courbure.

Oreille-de-lièvre

Cette imitation d'ensemble s'utilise tout au long de l'année et elle est surtout efficace pour la pêche des poissons méfiants sur les grands plats à la belle saison.

Fiche de montage

Enroulez la soie jusqu'à la courbure et, à cet endroit, fixez les cerques ainsi que le brin de tinsel. À l'aide d'une boucle, faites une mèche de dubbing (voir page 50). Formez le corps avec le dubbing en laissant un petit espace libre derrière l'œillet. Cerclez avec le tinsel et bloquez le tout. Coupez le surplus, prélevez une petite touffe de poils longs de lièvre et fixez-la en l'orientant vers l'arrière derrière l'œillet (voir page 106). Faites la tête, le nœud d'arrêt et consolidez avec une goutte de vernis.

Formule de montage

Type : émergente.
Poissons : truites et ombres.
Hameçon : n° 18 à n° 14, tige normale.
Cerques et aile : poils de masque de lièvre.
Corps : dubbing de poils d'oreille de lièvre, cerclé d'un tinsel doré.
Ailes : poils de masque de lièvre.
Tête : soie de montage.
Soie de montage : marron.

Chiro émergent

La mousse formant les ailes naissantes permet à ce modèle de flotter bas et bien, ce qui la rend intéressante pour la pêche en réservoir.

Fiche de montage

Commencez le montage derrière l'œillet et allez à la base de la courbure. Fixez-y la mèche de polydub pour les cerques, ainsi que le vinyl rib. Ramenez la soie à quelques millimètres de l'œillet et formez le corps en vinyl rib jusqu'à cette dernière. Bloquez, coupez et faites une mèche de dubbing noir (voir page 50). Emprisonnez le morceau de flot parachute en l'orientant en avant au ras de l'œillet. Formez le thorax dans l'espace libre, faites une petite tête et le nœud d'arrêt. Consolidez avec une goutte de vernis et coupez l'aile à la bonne longueur.

Formule de montage

Type : émergente.
Poissons : truites et ombres.
Hameçon : n° 18 à n° 14, caddis.
Cerques : mèche de polydub blanc.
Corps : vinyl rib rouge.
Thorax : dubbing noir.
Aile : morceau de flot parachute blanc.
Tête : soie de montage.
Soie de montage : noire.

Formule de montage

Type : émergente.
Poissons : truites et ombres.
Hameçon : n° 20 à n° 14, tige normale.
Cerques : fibres de hackle roux.
Corps : microchenille marron clair.
Thorax : dubbing marron.
Aile : toupet de cul-de-canard ocre.
Tête : soie de montage.
Soie de montage : marron.

Émergente microchenille

Le corps de l'émergente microchenille lui procure une flottaison basse, ce qui permet de tromper la méfiance des poissons les plus délicats.

Fiche de montage

Fixez la soie derrière l'œillet et allez à la courbure. Là, emprisonnez les fibres de hackle ainsi qu'un brin de microchenille. Faites un corps conique sur les 2/3 de l'hameçon avec la microchenille. Faites adhérer un peu de dubbing marron sur la soie à l'aide de poix et formez un thorax volumineux jusqu'à l'œillet (voir page 51). À cet endroit, emprisonnez une pointe de plume de cul-de-canard ocre orientée vers l'arrière et coupez le surplus. Faites la tête, le nœud final et déposez une goutte de vernis.

Formule de montage

Type : émergente.
Poissons : truites et ombres.
Hameçon : n° 14 à n° 10, tige longue.
Cerques : fibres de sabre de faisan.
Corps : dubbing de lièvre, cerclé de latex jaune sale.
Thorax : dubbing clair de lapin, recouvert de fibres de queue de faisan.
Ailes : plume de cul-de-canard jaune.
Tête : soie de montage.
Soie de montage : jaune clair.

Émergente B.G.

Cette mouche, créée par un monteur corrézien de talent, Gilles Brochet, représente une émergente de la famille des mouches de mai en train de naître. Elle est très prenante de mai à début juillet sur les rivières agitées.

Fiche de montage

À la courbure, emprisonnez les cerques, fixez la lanière de latex et formez une mèche de dubbing de lièvre. Faites le corps sur les 2/3 de la tige de l'hameçon, cerclez avec le latex, bloquez le tout et coupez le surplus. À la suite du corps, positionnez deux pointes de plume de cul-de-canard orientées vers l'arrière de part et d'autre du corps (elles doivent légèrement dépasser la courbure de l'hameçon), ainsi qu'une bonne touffe de fibres de queue de faisan. Faites une mèche de dubbing de lapin (voir page 51) et formez le thorax sur le tiers restant. Rabattez les fibres de faisan en avant, faites la tête et le nœud final. Consolidez avec une goutte de vernis.

Réaliser des nymphes

La pêche en nymphe, très en vogue depuis quelques années, est aujourd'hui incontournable si l'on veut tirer son épingle du jeu. Le montage des nymphes peut être très simple pour certains modèles qui sont souvent les plus pêchants, mais permet aussi au perfectionniste de laisser libre cours à sa créativité et à ses qualités de monteur. Dans ce chapitre, nous présentons des modèles en step-by-step dont les principes de montage sont valables pour tous les autres types de nymphes.

Monter la Pheasant tail

Sa technique de montage est la plus répandue dans la famille des nymphes. Il y a énormément de variantes de ce modèle et bien d'autres imitations pouvant se monter de cette manière.

- À la courbure, fixez le fil de cuivre et les fibres de faisan pointes en arrière. Ces pointes servent à réaliser les cerques. Ne coupez pas le reste de fibres de faisan qui dépasse vers l'œillet.

- Amenez la soie aux 2/3 de l'hameçon et, avec le reste de fibres des cerques, formez le corps jusqu'à la soie et cerclez avec le fil de cuivre. Bloquez et coupez le reste de plumes.

- Fixez une grosse pincée de fibres de faisan par le pied, amenez la soie derrière l'œillet et formez un thorax assez volumineux avec une partie des plumes de faisan, puis bloquez.

Formule de montage

HAMEÇON : n° 20 à n° 12, tige longue.
CERQUES, THORAX, PATTES : fibres de queue de faisan.
CORPS : fibres de queue de faisan, cerclé d'un fil de cuivre.
LESTAGE : fil de cuivre.
TÊTE : soie de montage vernie.
SOIE DE MONTAGE : marron.

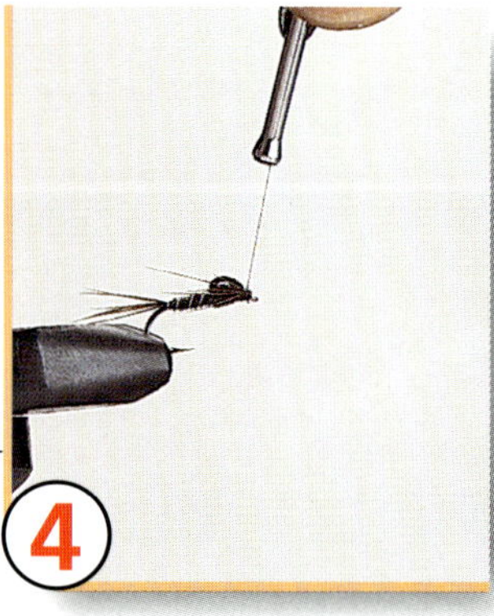

- Rabattez le reste des fibres de faisan en avant et bloquez-les derrière l'œillet. Il doit, après cette opération, vous rester 0,5 cm de fibres, rabattez-les de chaque côté de l'imitation pour faire les pattes. Formez la tête, le nœud final et vernissez.

Monter la Roulette classique

C'est un montage prévu pour pêcher profond du fait de son lestage important. Elle est simple à monter pour le débutant et elle peut être fabriquée dans un grand nombre de couleurs.

• Fixez la soie de montage derrière l'œillet et positionnez le hackle marron orienté vers l'avant.

• Amenez la soie à quelques millimètres de l'œillet et lestez votre nymphe par 5 tours de plomb plus 4 autres tours en les superposant aux précédents. Tournez le hackle sur place, juste derrière l'œillet, et arrêtez-le avec la soie.

• Amenez la soie derrière le lestage et rabattez les fibres de la collerette par petites touffes en les bloquant derrière les enroulements de plomb, ainsi vous obtiendrez le thorax.

• Coupez les fibres qui dépassent de la courbure. Faites le corps en soie de montage, ainsi que le nœud d'arrêt derrière le thorax et vernissez le corps.

Formule de montage

HAMEÇON : n° 16 à n° 12, tige normale.
CORPS : soie de montage.
THORAX : fibres de hackle marron.
LESTAGE : fil de plomb.
TÊTE : soie de montage.
SOIE DE MONTAGE : marron*.
*** On peut utiliser de la soie de montage jaune, vert olive, rouge ou marron clair.**

Monter le Gammare herlmousse

Cette nymphe représente un petit crustacé d'eau douce présent en très grand nombre sur certaines rivières. La consistance du dos en herlmousse retarde le moment où le poisson recrache la nymphe.

- Enroulez la soie jusqu'à la base de la courbure, au milieu de l'hameçon, faites 5 ou 6 tours avec du fil de plomb pour lester la nymphe.

- À la courbure, emprisonnez le fil de cuivre, une bande de herlmousse et faites une mèche de dubbing très fournie.

- Amenez la soie derrière l'œillet et tournez le dubbing jusqu'à celui-ci. Bloquez avec la soie et coupez le surplus.

- Rabattez le herlmousse, cerclez avec le cuivre et bloquez le tout avec la soie. Coupez l'excédent, faites la tête, le nœud final, et vernissez.

Formule de montage

HAMEÇON : n° 16 à n° 12, caddis.
CORPS : dubbing beige rosé, surmonté de herlmousse roux.
CERCLAGE : fil de cuivre.
LESTAGE : fil de plomb.
TÊTE : soie de montage vernie.
SOIE DE MONTAGE : marron.

Nymphe à bille

Son poids assez important lui permet de prospecter le fond des rivières à fort débit, ce qui la rend particulièrement prenante pour l'ombre.

Fiche de montage

Fixez la soie derrière l'œillet et faites une sous-couche de 2 mm en effectuant 2 ou 3 aller-retour de soie de montage. Faites un nœud d'arrêt et déposez une goutte de colle. Enfilez la bille par la pointe de l'hameçon et positionnez-la sur la sous-couche faite précédemment. Amenez la soie à la courbure et fixez les cerques. Faites une mèche de dubbing vert avec le dubbing twister (voir page 50). Positionnez la soie à 1 mm de la bille et laissez-la en attente. Formez le corps en dubbing (voir page 51), bloquez avec la soie de montage et coupez le surplus. Poissez la soie et faites adhérer du dubbing de lièvre. Formez le thorax dans l'espace laissé libre. Débarrassez la soie du reste de dubbing et effectuez le nœud final.

Formule de montage

Type : nymphe.
Poissons : truites et ombres.
Hameçon : n° 16 à n° 12, tige normale.
Cerques : fibres de hackle roux.
Corps : dubbing vert.
Thorax : dubbing de masque de lièvre.
Tête : bille dorée n° 2.
Soie de montage : marron clair.

Nymphe quill

Cette nymphe est une représentation d'ensemble de la plupart des larves d'éphémères. Montée en différentes tailles et couleurs, elle peut s'utiliser tout au long de la saison.

Fiche de montage

À la courbure, fixez les cerques, ainsi que le quill de paon par la pointe. Avec la soie de montage, formez un corps conique sur les 2/3 arrière de la tige de l'hameçon. Enroulez le quill de paon en spires jointives pour habiller le corps (voir page 57). Passez deux couches de vernis et, après séchage complet, fixez les fibres de faisan, pointes orientées en arrière. Lestez la nymphe par 4 tours de fil de plomb au niveau du thorax et faites une mèche de dubbing marron (voir page 51). Formez le thorax avec cette dernière, rabattez les fibres de faisan en avant et bloquez le tout derrière l'œillet. Faites la tête, le nœud d'arrêt, et déposez une goutte de vernis.

Formule de montage

Type : nymphe.
Poissons : truites et ombres.
Hameçon : n° 16 à n° 12, tige longue.
Cerques : fibres de pelle de coq pardo.
Corps : quill de paon naturel.
Thorax : dubbing marron.
Boîte à ailes : fibres de plume de queue de faisan.
Lestage : fil de plomb.
Tête : soie de montage.
Soie de montage : marron.

Roulette en condor

Formule de montage

TYPE : nymphe.
POISSONS : truites et ombres.
HAMEÇON : n° 18 à n° 12, tige normale.
CORPS : herl de condor jaune olive.
THORAX : fibres de hackle vert olive.
LESTAGE : fil de plomb.
TÊTE : soie de montage.
SOIE DE MONTAGE : olive.

Cette nymphe, fortement plombée, peut s'avérer indispensable pour les rivières à fort débit comme la Durance ou l'Isère.

Fiche de montage

Fixez le hackle vert olive derrière l'œillet orienté en avant et, derrière celui-ci, lestez votre mouche par 9 tours de fil de plomb (5 tours, plus 4 par-dessus). Tournez le hackle sur place dans l'espace resté libre entre l'œillet et le lestage. Bloquez-le avec la soie, coupez le surplus et allez derrière les enroulements de plomb. Rabattez les fibres de hackle par petites touffes et bloquez-les avec la soie (voir page 115). Coupez les fibres de hackle qui dépassent de la courbure. À la courbure, fixez le herl de condor et formez le corps avec (voir page 57). Bloquez, faites le nœud d'arrêt et déposez une goutte de vernis dessus.

Roulette à bille

Formule de montage

TYPE : nymphe.
POISSONS : truites et ombres.
HAMEÇON : n° 16 à n° 12, tige normale.
CORPS : dubbing*, cerclé de fil de cuivre.
BOÎTE À AILES : hackle gris.
TÊTE : bille dorée ou noire.
SOIE DE MONTAGE : noire.

* Le corps peut être monté en dubbing jaune pâle, beige, marron, vert olive ou noir.

Montée en plusieurs tailles et couleurs, c'est un modèle de base pour les pêches de fond.

Fiche de montage

Faites une sous-couche de soie de montage derrière l'œillet, déposez une goutte de colle rapide et enfilez la perle par la courbure. Positionnez-la sur la sous-couche avant séchage de la colle en laissant un petit espace libre derrière l'œillet. Fixez-y un grand hackle gris, tournez-le sur place et bloquez avec la soie de montage. Coupez le surplus de plume et faites un nœud d'arrêt. Fixez à nouveau la soie derrière la bille et rabattez les fibres de la collerette par-dessus et de chaque côté de la bille. Bloquez avec la soie de montage, coupez la pointe des fibres de manière à ce qu'elles ne dépassent pas de la courbure. Amenez la soie à cet endroit, fixez le fil de cuivre et faites une mèche de dubbing (voir page 50). Formez le corps, cerclez-le et, derrière la bille, effectuez le nœud d'arrêt. Déposez une goutte de vernis.

Gammare

Le gammare est présent dans un grand nombre de cours d'eau, et les truites s'en gavent. C'est une nymphe de base du pêcheur à la mouche.

Fiche de montage

Commencez le montage derrière l'œillet en emprisonnant le hackle miel, orientez-le vers l'avant, et enroulez la soie jusqu'à la base de la courbure. Fixez le fil de cuivre, les fibres de faisan, et faites une mèche de dubbing (voir page 50). Laissez la soie en attente, lestez la mouche par 5 ou 6 tours de fil de plomb et enroulez la mèche de dubbing jusqu'à l'œillet. Tournez le hackle en spires espacées, arrêtez-le à la courbure par quelques tours de soie de montage, que vous amènerez derrière l'œillet en spires espacées en passant à travers les enroulements de hackle. Bloquez le dubbing. Coupez les fibres de hackle du dessus, rabattez les fibres de faisan en avant, cerclez avec le cuivre, et bloquez le tout. Faites la tête, le nœud final et consolidez par une goutte de vernis.

Formule de montage

Type : nymphe.
Poissons : truites et ombres.
Hameçon : n° 16 à n° 14, caddis.
Corps : dubbing beige rosé, surmonté d'une pincée de fibres de plume de queue de faisan, cerclé de cuivre.
Pattes : hackle miel tourné en palmer léger.
Lestage : fil de plomb.
Tête : soie de montage.
Soie de montage : marron clair.

Amber nymph

Cette nymphe imite les larves de sedges et elle est très prenante sur des rivières profondes.

Fiche de montage

À la courbure, fixez les fibres de faisan, orientées vers l'arrière, ainsi que le tinsel. Faites une mèche de dubbing de lama (voir page 50). Lestez par quelques tours de plomb et formez le corps en laissant un espace pour le thorax. Cerclez-le avec le tinsel et bloquez le tout. Rabattez les fibres de faisan en avant, bloquez et faites une mèche de dubbing marron (voir page 51). Formez le thorax, prélevez une pincée de fibres sur un grand hackle miel et positionnez-la sous la mouche pour former la bavette. Faites la tête, le nœud final, et vernissez.

Formule de montage

Type : nymphe.
Poissons : truites et ombres.
Hameçon : n° 16 à n° 12, caddis.
Corps : dubbing de lama orange, cerclé d'un tinsel or.
Dos : fibres de plume de faisan.
Thorax : dubbing marron.
Bavette : fibres de hackle miel.
Lestage : fil de plomb.
Tête : soie de montage.
Soie de montage : jaune.

Formule de montage

Type : nymphe.
Poissons : truites et ombres.
Hameçon : n° 18 à n° 14, tige longue.
Cerques : poils de lièvre.
Corps : dubbing de lapin, cerclé de Nylon maxima assez fort.
Thorax : dubbing de poils de lièvre.
Boîte à ailes : fibres de plume de sarcelle.
Lestage : fil de plomb.
Tête : soie de montage.
Soie de montage : marron.

Rabbit nymph

Cette nymphe de teinte assez neutre s'adresse aux poissons actifs entre deux eaux, juste avant une éclosion d'olives.

Fiche de montage

À la courbure, fixez une petite touffe de poils de lièvre pour figurer les cerques. Emprisonnez également un brin de Nylon et faites une mèche de dubbing de lapin (voir page 50). Formez le corps sur les 2/3 de la tige de l'hameçon à l'aide de la mèche de dubbing et cerclez-la avec le brin de Nylon. Bloquez le tout et coupez le surplus. À la suite du corps, fixez une plume de sarcelle orientée en arrière et faites une mèche de dubbing de poils de lièvre. Lester votre imitation par quelques tours de fil de plomb sur le tiers avant et, à cet emplacement, formez le thorax avec la mèche de dubbing jusqu'à l'œillet (voir page 55). Bloquez, faites la tête, ainsi que le nœud final. Consolidez par une goutte de vernis.

Formule de montage

Type : nymphe.
Poissons : truites et ombres.
Hameçon : n° 18 à n° 12, caddis.
Corps : body glass marron.
Lestage : fil de plomb.
Tête : soie de montage.
Soie de montage : marron.

Trichop nymph

Cette nymphe, imitant la larve de trichoptère, s'adapte bien à la pêche à vue. Elle peut être montée dans une grande variété de poids et de tailles.

Fiche de montage

Fixez la soie derrière l'œillet et amenez-la à la base de la courbure. À cet endroit, emprisonnez un brin de body glass et ramenez la soie derrière l'œillet où vous la laisserez en attente. Lestez la nymphe à votre convenance en enroulant du fil de plomb au milieu du corps de l'imitation et consolidez le lestage à l'aide de quelques gouttes de colle rapide. Formez le corps en enroulant le body glass jusqu'à l'œillet, face ronde dessus. Bloquez, coupez le surplus et faites la tête. Effectuez le nœud final et vernissez toute la nymphe.

Montana

Comme son nom l'indique, cette imitation nous vient d'outre-Atlantique. En France, elle est utilisée avec succès en réservoir, où les grosses truites succombent volontiers à son charme.

Fiche de montage

À la courbure de l'hameçon, fixez un brin de chenille noire, amenez la soie aux 2/3 de la tige et laissez-la en attente. Faites le corps et arrêtez la chenille sans couper le brin qui dépasse. À cet endroit, fixez un petit brin de chenille jaune que vous doublerez, ainsi qu'un hackle noir. Faites un lestage par 4 tours de fil de plomb et enroulez la soie jusqu'à l'œillet. Formez le thorax avec le reste de chenille noire et tournez le hackle (4 tours) en spires espacées (voir pages 71-72). Arrêtez le tout et coupez à ras les restes de chenille et de hackle. Rabattez la chenille jaune par-dessus le thorax et arrêtez-la. Formez la tête, faites le nœud d'arrêt, et déposez une goutte de vernis.

Formule de montage

Type : nymphe réservoir.
Poissons : truites.
Hameçon : n° 14 à n° 8, tige extra-longue.
Corps : chenille noire.
Thorax : chenille noire et hackle noir.
Sac à ailes : chenille jaune.
Lestage : fil de plomb.
Tête : soie de montage.
Soie de montage : noire.

Nymphe microchenille

Cette nymphe imite tout et rien, mais elle est d'une grande efficacité. Elle peut se décliner dans un grand nombre de couleurs.

Fiche de montage

Démarrez derrière l'œillet et aller à la base de la courbure. Lestez la mouche en enroulant 10 tours de plomb en spires jointives au milieu de la tige. À la courbure, fixez la microchenille et enroulez-la jusqu'à l'œillet. Bloquez et coupez le reste de matériau. Faites la tête, le nœud final et vernissez.

Formule de montage

Type : nymphe de fond.
Poissons : truites et ombres.
Hameçon : n° 18 à n° 14, caddis.
Corps : microchenille marron.
Lestage : fil de plomb.
Tête : soie de montage.
Soie de montage : noire.

Formule de montage

Type : nymphe.
Poissons : truites et ombres.
Hameçon : n° 14 à n° 10, tige longue.
Corps : polydub jaune, cerclé de soie de montage.
Thorax : dubbing noir.
Tête : soie de montage.
Soie de montage : noire.

Porte-bois

La famille des trichoptères comporte de très nombreuses espèces et, à tous les stades de leur évolution, ils composent environ 70 % de la nourriture des salmonidés. C'est donc une nymphe à posséder absolument dans sa boîte.

Fiche de montage

Fixez la soie derrière l'œillet et amenez-la à la courbure où vous la laisserez en attente. À quelques millimètres de l'œillet, fixez le polydub monté sur un autre porte-bobine et formez un corps cylindrique sur un peu plus de 2/3 de la tige de l'hameçon. Arrêtez les enroulements au niveau de l'avant du corps et cerclez avec la soie de montage. Avec cette dernière, bloquez le polydub et faites une mèche de dubbing noir (voir page 51). Formez le thorax sur la partie avant, bloquez, coupez le reste de mèche et faites la tête. Déposez une goutte de vernis.

Formule de montage

Type : nymphe.
Poissons : truites.
Hameçon : n° 12 à n° 10, tige longue.
Cerques : fibres de plume de marabout.
Corps : soie de montage, cerclé d'un tinsel argent.
Thorax : flash chenille noire.
Tête : soie de montage.
Yeux : chaînette de lavabo (petit modèle).
Soie de montage : noire.

Black nymph

Cette nymphe d'aspect clinquant s'adresse surtout aux truites de réservoir, où elle fait merveille à la saison froide.

Fiche de montage

Après avoir fixé la soie de montage derrière l'œillet, allez à la courbure et emprisonnez quelques fibres de plume de marabout, ainsi que le tinsel argent. Avec la soie de montage, formez un corps conique et assez dodu sur les 2/3 arrière de l'hameçon (voir pages 48-49). Cerclez-le avec le tinsel, bloquez et emprisonnez un brin de flash chenille pour former le thorax. Derrière l'œillet, fixez solidement les yeux par des enroulements en 8 et tournez le thorax sur tout le tiers avant. Bloquez, coupez l'excédent et faites la tête. Vernissez le corps et la tête.

Glossaire

Araignée : nom usuel de la mouche artificielle constituée d'un corps et d'une collerette.

Badger (hackle) : hackle beige à centre noir.
Baétis : petits éphémères de l'ordre des baétidés.
Bavette : toupet de fibres, généralement de hackle, positionné sous la mouche, derrière l'œillet.
Black gnat : moucheron noir.
Booby : streamer ayant de gros yeux en billes de polystyrène ou en cylindre de mousse.
Brassie : outil pour tasser les touffes de poils de cervidés sur l'hameçon.
Buzzer : émergente de chironome.

Caddis (hameçons) : hameçon de forme ronde utilisé pour imiter les larves de sedges ou de chironomes.
Casque d'or : nymphe à bille dorée en tête.
Cerclage : constitué le plus souvent de tinsel, il entoure le corps de la mouche en spires espacées.
Cerques : fibres de hackle ou de plume servant de queue à la mouche.
Chinchilla : hackle rayé gris très foncé et blanc ou roux et blanc.
Chiro : contraction de chironome ; petit diptère aquatique.
Clipper : ciseaux à ressort pour tailler les poils de cervidés.
Colle rapide : colle type « cyanolit » ou « super glue ».
Collerette : constituée de fibres de hackle, elle imite les pattes et les ailes de l'insecte.
Coq limousin ou coq de pêche : il est gris et ses plumes sont très recherchées.
Coq pardo : variété de coq espagnol dont les pelles et les lancettes sont finement mouchetées.
Cou de coq : portion de peau de cou de coq, garnie de hackles.
Courbe (hameçon) : hameçon assez long et légèrement courbe utilisé pour la réalisation de nymphes.
Cul-de-canard ou C D C : plume duveteuse naturellement graissée de croupion de canard.

Dubbing : fourrure naturelle ou synthétique, servant à faire des corps et des thorax d'imitations.
Dubbing brush : dubbing préformé sur une âme de cuivre.

Ecdyo : contraction d'*Ecdyonurus*, grand éphémère de début de saison.
Émergente : stade intermédiaire entre la nymphe et l'insecte ailé.
Enroulements en « X » : identique au nœud en 8 (voir leçons de montage).
Entomologie : science de l'étude des insectes.
Éphémère : insecte aquatique très répandu. Ils sont souvent appelés « olives » pour les plus petits.
Exuvie : enveloppe nymphale que la nymphe perd quand elle éclot.

Floche (soie) : grosse soie multibrin, servant à confectionner les corps.
Fly : mouche.
Fly rite : dubbing hydrophobe servant à faire des corps de mouches sèches. On le trouve vendu en grandes mèches.

Grizzly : synonyme de chinchilla.

Hackle : plume longue et souple du cou des coqs servant surtout à faire les collerettes des mouches.
Hare's ear : oreille de lièvre.
Herl : fibre longue garnie de barbules, tirée de grandes plumes (paon, autruche, etc.).

Imago : éphémère à maturité sexuelle.

Kaki : plume ocre clair.

Lancette : plume longue et souple de la croupe des coqs.

Mallard : canard à tonalités marron.
Marabout : plume de cuisse de dinde, servant à confectionner les streamers.
March brown : brune de mars, grand éphémère de la famille des *Ecdyonurus*.

Mayfly : mouche de mai.
Mèche (de dubbing) : fuseau de dubbing formé sur la soie, ou fuseau de fibres longues de dubbing synthétique.
Mouche : nom donné aux imitations d'insectes.
Mouche de mai : c'est le plus grand des éphémères, la « reine » des mouches.

Nymphe : larve d'insecte aquatique arrivée au terme de sa maturité.

Œil de paon : partie supérieure de la plume de queue de paon dont on tire les quills.

Palmer : mouche dont la collerette occupe toute la longueur du corps.
Pelle : plume ronde de coq, aux fibres très nerveuses et brillantes.
Peute : émergente célèbre faite en plume de flanc de cane colvert.
Pheasant tail : queue de faisan, nymphe très connue.
Plume longue : plumes de queue et d'ailes de certains oiseaux.
Plume ronde : plumes prélevées sur le poitrail et le flanc de certains oiseaux.
Polydub : soie multibrin non torsadée servant à former des corps lisses et réguliers.
Porte-bois ou ver d'eau : larve du trichoptère.
Portion de plume : groupe de plusieurs herls prélevés sur des plumes longues.

Queue : identique aux cerques mais elle est formée de laine, polydub ou marabout.
Quill : herl débarrassé de ses barbules.

Rabbit strip : lanière de fourrure de lapin.
Rémiges : grandes plumes longues de l'aile.
Réservoir : plan d'eau empoissonné de salmonidés et réservé à la pêche à la mouche.
Roulette : nymphe lourde et dépouillée.

Sac à ailes : partie supérieure du thorax des nymphes.
Sedge : nom anglais des trichoptères.
Soie de montage : fil servant au montage des mouches. À l'origine, il était en soie naturelle.
Spectraflash : fibres synthétiques couleur perle, tirant sur le bleu lorsqu'il est dans l'eau.
Spent : insecte aquatique mort, dérivant à la surface.
Spires jointives : matériau enroulé en spires attenantes.
Streamer : leurre destiné à pêcher en réservoir ou à leurrer les carnassiers.
Subimago : éphémère qui vient d'éclore, elle n'est pas encore à maturité sexuelle.

Tag : queue.
Thorax : partie renflée, à l'avant d'une nymphe.
Tinsel : filament plat, rond ou ovale, en matière brillante servant à cercler le corps de certaines mouches.
Toupet : touffe de fibres de plumes ou de fibres synthétiques, positionné à l'avant d'une mouche.
Tourner (un hackle) : enrouler.
Trichoptère (ou sedge) : famille d'insectes très communs dont les ailes légèrement poilues se présentent en forme de toit.
Twister à dubbing : outil destiné à vriller les mèches de dubbing.

Zonker : streamer dont l'aile est formée par de la lanière de lapin fixée sur le dos, comme une crête.

Index

Les nombres en caractères romains renvoient au texte courant ; les nombres en **gras** aux parties qui traitent plus largement du sujet.

G

H

I - J

K - L

M

N

O

P

Crédits photographiques

André/NATURE : 40 b, 40 h, 40 m, 41 b, 41 h, 41 m, 42 b, 42 h, 42 m, 43 b, 43 h, 43 m, 45 b, 45 h, 45 m, 46 b, 46 h, 46 m, 47 b, 47 h, 47 md, 47 mg, 48 b, 48 h, 49 b, 49 h, 49 m, 50 bd, 50 bg, 50 hd, 50 hg, 51 b, 51 h, 51 m, 52 b, 52 h, 52 m, 53 b, 53 h, 53 m, 54 bd, 54 bg, 54 hd, 54 hg, 55 b, 55 h, 55 m, 56 b, 56 h, 56 m, 57 b, 57 h, 57 m, 71 b, 71 h, 71 m, 72 b, 72 h, 72 hd, 73 b, 73 h, 73 m, 74 bd, 74 bg, 74 hd, 74 hg, 75 b, 75 h, 75 m, 76 bd, 76 bg, 76 hd, 76 hg, 77 bd, 77 bg, 77 hd, 77 hg, 89 b, 89 h, 90 bg, 90 hd, 90 hg, 90 mg, 91 b, 91 h, 91 m, 92 bd, 92 bg, 92 hd, 92 hg, 93 bd, 93 bg, 93 hd, 93 hg, 94 bd, 94 bg, 94 hd, 94 hg, 95 b, 95 h, 95 m, 96 b, 96 h, 104 b, 104 h, 105 b, 105 h, 105 m, 106 b, 106 h, 114 bd, 114 hd, 114 hg, 114 md, 115 bd, 115 bg, 115 hd, 115 hg, 116 bd, 116 hd, 116 hg, 116 md – **Chaumeton/NATURE :** 10 b, 11 b, 12 b, 12 mg, 14 b, 14 hm – **Didier Ducloux :** 33 – **JMC - Mouches de Charette :** 16, 17 b, 17 h, 17 hm, 17 m, 18 bg, 18 h, 18 hd, 18 hm, 18 md, 20 b, 20 bm, 21 b, 21 h, 22 b, 22 h, 22 m, 23 b, 23 h, 23 hd, 23 m, 24 bd, 24 bg, 24 h, 24 hd, 25 bd, 25 h, 25 hd, 25 m, 26 bd, 26 hg, 26 md, 26 mg, 27 b, 27 h, 27 hd, 27 hg, 27 md, 28 b, 28 h, 28 md, 28 mg, 29 b, 29 h, 29 md, 29 mg, 30 b, 30 h, 30 md, 30 mg, 31 b, 31 bd, 31 bg, 31 h, 31 m, 35 – **Lanceau/NATURE :** 15 hm – **LOSANGE** : 10 h, 11 m, 12 h, 12 md, 13 h, 14 bm, 14 h, 15 bd, 15 hd, 15 hg, 15 md, 19 b, 19 m, 20 h, 20 hm, 20 hmm, 32, 38 b, 58 b, 58 h, 59 b, 59 h, 60 b, 60 h, 61 b, 61 h, 62 b, 62 h, 63 b, 63 h, 64 b, 64 h, 65 b, 65 h, 66 b, 66 h, 67 b, 67 h, 68 h, 69 b, 69 h, 78 b, 78 h, 79 b, 79 h, 80 b, 80 h, 81 b, 81 h, 82 b, 82 h, 83 b, 83 h, 84 b, 84 h, 85 b, 85 h, 86 b, 86 h, 87 b, 87 h, 97 b, 97 h, 98 b, 99 b, 99 h, 100 b, 100 h, 101 b, 101 h, 102 b, 102 h, 107 b, 107 h, 108 b, 108 h, 109 b, 109 h, 110 b, 111 b, 111 h, 112 b, 112 h, 117 b, 117 h, 118 b, 118 h, 119 b, 119 h, 120 b, 120 h, 121 b, 121 h, 122 b, 122 h – **Magnan/NATURE :** 34 – **Olivier Meurant/MARRYAT :** 18 bm, 19 hd – **Gilles Pernet :** 4, 8-9, 36-37 – **Prévost/NATURE :** 13 m, 15 bg – **Sauer/NATURE :** 11 h, 13 b.